おとなの自由時間の使い方

地域生涯学習活動とコミュニティ形成

みんなで本を出そう会＝編

瀬沼克彰

高橋幸男　中川和郎　間苧谷 榮

藤村勝典　本庄美佳　佐藤 毅　米田道夫

石渡ひかる　久米喜代美　浦崎道教

高橋幸恵　有馬廣實

近藤太一

日本地域社会研究所

コミュニティ・ブックス

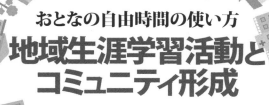

まえがき

本書は「みんなで本を出そう会（代表・瀬沼克彰桜美林大学名誉教授）」（編）刊行の『世のため人のため自分のための地域活動』（日本地域社会研究所２０１４年６月）および『地域活動の時代を拓く』（同２０１５年７月）に続く３冊めである。執筆者は瀬沼克彰名誉教授の主宰する自由時間研究会の会員10名と、会員外の、活発に地域活動を主導されている３名の方がたである。（自由時間研究会については本書の「あとがき」を参照願いたい。）

市民の生涯学習は大きく、学習者自身の心身の成長、自己充足をめざす自己実現型・人づくり型の生涯学習と、社会貢献型・まちづくり型・コミュニティ形成型の生涯学習の二つに分かれる。市民の生活基盤である居住地域およびその近隣地域の、公民館や生涯学習センター、コミュニティセンター等の施設での学習の成果を社会的に活用したり、ＮＧＯ、ＮＰＯ、その他さまざまな学習団体、活動団体等で行なわれている社会的な学習や活動が地域生涯学習活動である。本書は社会貢献型・まちづくり型・コミュニティ形成型の生涯学習と、その成果に基づく地域生涯学習活動を扱うものである。

地域が学習や交流、目的をもった活動等の場として有効に機能している場合に、その地域の状況を、コミュニティが形成されている、コミュニティが生きている、ということができると思われる。コミュニティには多様な側面があり、地域生涯学習活動のみによって形成されるものではないが、しかしながら、地域の人びとが主体的に学び合い、地域と人びとを理解し合い、交流し、助け合い、まちの将来を展望し合って、そのために活動することは、正に地域生涯学習活動によるコミュニティ形成といえるものである。

本書は、地域生涯学習活動によってコミュニティ形成に貢献している方がたの事例を集めたものである。事例は決して多くはないが、それぞれの分野において、その考え方や独創的な活動において読者の参考になることは確かだと思われる。

第1章は「行政との協働による地域活動の振興」であり、3人の執筆者がその実態について報告している。

高橋幸男氏は、公務員を退職後、初心に帰って地元で観光ボランティアに応募し、さらに他のボランティア活動にも努めている。中川和郎氏は、行政と市民の協働を進める立場で活動し、さらに廃棄物・ゴミの問題に関して専門的に取り組んでいる。間苧谷榮氏は、退職後に地域の生涯学習の質を高めるために活動し、提言を行なっている。

第2章は「仲間と学び、その成果を地域づくりに活かす」であり、いずれも地域生涯学習活動に長く携わってこられた6人の執筆者がその活動と成果について報告している。

藤村勝典氏は退職後、生涯学習講座や団体活動の中で身に付けた諸技能や能力を活用して、地域貢献活動を積極的に行なっている。本庄美佳氏は、長年に亘りスポーツクラブにおいて生涯スポーツとしてバドミントンを実践し、そのクラブの世話人としてクラブの発展に貢献している。佐藤毅氏は、退職後、東京都中野区主催のことぶき大学・大学院で学んだ後に修了者とともに日本の古典の学びを継続している。米田道夫氏は、毎月1回、地元の公民館において、生涯学習とコミュニケーションの場である「ハートウェア倶楽部」を10年以上に亘り主宰されている。石渡ひかる氏は、市の、そして自主家庭教育学級において、主体的な学びと多様な教育支援活動、子育て支援のボランティア活動などに取り組んでいる。久米喜代美氏は長年、仲間づくり、ヨガ等の身体活動、健康づくり等の参加体験型の学習方法としてのワークショップを研究・実践して成果を上げている。

第3章は「学びの実践による人生の充実と、学びの支援」であり、2人の執筆者が自身の経験を披瀝している。

浦崎道教氏は、退職をきっかけに、高齢期を個人的にも社会的にも意義あるものにするための理論を学び、その成果を活用して市民活動、地域活動、福祉活動等のNPO活動の実践に努めている。高橋幸恵氏は、大学院を修了後、自らも学んだ通信制教育の効用に着目し、現在は自ら通信教育の啓発および通信教育による学習者の支援に努めている。

第4章は「活動とリサーチによるコミュニティ理解の拡張」であり、2人の執筆者がそれぞれ、自身のグループ活動の経験と、祖先の事蹟の意義の探求を披瀝している。

本まえがき執筆者でもある有馬は、多摩地域生涯学習インストラクターの会の一員として、そのメンバーとともに博物館巡りを重ね、見学地域を拡げ、見学者コミュニティの形成に努めてきた。近藤太一氏の今回の寄稿は氏の先祖である、幕末の薩摩藩家老調所広郷が自己犠牲の上に築いた薩摩藩の物質的・文化的・人的遺産が、明治以降の薩摩コミュニティの形成、鹿児島コミュニティの発展にまで貢献していることを示している。近藤氏の論稿は、コミュニティ概念の広域的拡張を含んでいると考えることができる。

生涯学習の改革に取り組む行政およびそれと協働する市民や団体、退職後の人生を充実させようと考えている人、健康とレクリエーションのためにスポーツに取り組もうとする人、主婦として日々の生活の充実と社会貢献を両立させようとしている人、地域で生涯学習の学びの場を作りたいと考えている人、通信教育で再び学びに取り組みたいと考えている人、仲間とともに博物館で学びを深め、博物館を楽しみたい人、祖先の業績に関心があり、それを深く理解したいと考えている人、そのような方がたに本書は必ず役立つものと信じている。

最後に、読者と執筆者の方がたにお詫びしなければならないことがある。それは本書の刊行が予定より2年ほど遅れたことである。それにより、多くの執筆者が望んだ、最新の状況を早く報告したいという願いが十分に叶えられないこととなった。たとえば第1章の間苧谷榮氏「生涯学習と市民活動の連携に関する一提案」は、当時の最新の資料やデータを使用した、地域の生涯学習の現在進行形の状況の報告とそれに基づく提言であるが、2年後には、その多くは完了形となっているであろう。第2章の米田道夫氏の「ハートウェア倶楽部10年の活動経過」は、執筆依頼の時点ですでに活動歴10年を過ぎていたが、本書刊行の時点では14年めに入っている。お詫びし、ひたすらご寛恕を願うのみである。

このような状況は他の執筆者の場合も多かれ少なかれほぼ同様であるが、しかし各執筆者の論稿の本質的なものは、時間を超越して、十分に表出されていると思われる。必ず読者の参考になるものと信じている。それを希望として、このまえがきを擱《おわ》りたい。（本来この「お詫び」はあとがきに含めるべきであるが、本文を読まれる読者がタイムラグに違和感を抱くことを恐れ、ここに書くことにした。ご了解をいただきたい。）

有馬廣實

目次

※各論稿の中に紹介したウェブサイトは執筆当時のものです。その後、サイトが終了したり、ＵＲＬが変更になったりしていることもございます。ご了承ください。

第１章

行政との協働による地域活動の振興

公募社会教育委員の2年間

高橋幸男

はじめに

私の住む南足柄市は、神奈川県西部の箱根外輪山東山麓に位置し、金太郎伝説と天狗伝説を観光の目玉にしている。あるとき、同市発行の「広報みなみあしがら」(平成25年8月15日号)に掲載された「社会教育委員募集」の記事に目が止まった。

かねてより、自由時間研究会仲間の前向きな姿勢に同調し、何ごとにも積極的に参画することを旨としてきたつもりである。また、以前より、自由時間研究会を主宰している瀬沼克彰桜美林大学名誉教授からも、公募社会教育委員への参画機会があれば手を挙げるように勧められていたところでもあった。

隣接する小田原市役所在職の定年前9年間を生涯学習関係部局に勤務し、多少なりとも、社会教育関係の知識と経験を積み、退職後は地域活動や生涯学習活動に勤しみたいと考えていたこともあり、平成24年の退職年は、観光ボランティアガイド養成講座を受講し、平成25年5月にＮＰＯ法人南足柄市観光ボランティアガイドの会（通称「楽・歩・里（ラブリー）金太郎」）に入会してガイド活動を開始した。加えて、地元の和田河原自治会役員にとの声がかかり、平成25年度は生涯学習・文化委員、翌平成26年度は和田河原自治会公民館長として2年間、従事した。

60の手習いで平成24年4月から始めた囲碁、観光ガイド、そして、自治会役員として、忙しい中にも充実した日々を過ごしていたが、社会教育委員にも興味があり、多少の時間的やりくり等をすれば、参画できると考えて、手を挙げることとした。

以下に、私が社会教育委員に委嘱された平成25年12月から平成27年11月までの2年間の活動概要を紹介する。

1　社会教育委員とは

文部科学省・一般社団法人全国社会教育委員連合発行の資料によると、「これからの社会教育行政には、まちづくり部局など他の行政部局との連携・協働を強めるとともに、地域のＮＰ

O団体や大学・企業等と連携・協働したネットワーク型行政を推進していくことが求められており、社会教育委員が、社会教育主事等と連携しながら、地域の人づくり、そして地域をよりよいものとするため、主体的に活躍されていくことが期待されています」とあり、社会教育委員とは「社会教育法に定められており、都道府県及び市町村の教育委員会に委嘱された非常勤の特別職の公務員で、学校教育及び社会教育関係者、家庭教育の向上に資する活動を行なう方が委嘱されています（社会教育法第15条）」と書かれている。その役割については、「①地域の社会教育に関する諸計画の企画・立案、②教育委員会の諮問に対しての意見具申、③地域の課題解決などに必要な調査研究（社会教育法第17条第1項）」と記載されている。

上記以外の社会教育法（昭和24年法律第２０７号）の規定としては、「同法第18条（社会教育委員の定数等）社会教育委員の定数、任務その他必要な事項は、当該公共団体の条例で定める」がある。

南足柄市社会教育委員条例（昭和35年11月1日条例第15号）では、「定数は10人以内（当該条例第2条）」と規定されているが、現状は8人で構成されている。また、当該条例第4条には、「委員の会議（以下「委員会」という。）に委員長及び副委員長を置き、……」と規定されている。今まで、社会教育委員の会議の長は議長と思い込んでいたが、事務局の説明では、静岡県以西の市町村にはよく見られることであるとのことであった。

そして、南足柄市の公募制度は、当市の政策、方針等の審議の場へ広く市民の参加を図り、市民に開かれた行政を推進することを目的に採用されている。平成11年1月1日から施行され、公募委員の構成比率は15パーセント以上を目標としており、年齢制限は明記されていない。

2　公募社会教育委員に応募

平成25年8月15日号の「広報みなみあしがら」に掲載された「社会教育委員募集」の記事は、公募委員2名の募集であった。応募方法は、社会教育に関する考えを８００字程度にまとめた小論文等を提出することとあった。

さっそく、次のような小論文を書き上げ、提出した。

「社会教育に関する考え」

高橋幸男

従来、社会教育の発展・充実には、活動する場としての社会教育施設の整備、関係団体の育成、そのための学級、講座等社会教育事業の提供、そして、社会教育専門職員の養成・確保が、相互に有機的な関連性を持って展開していくことが大切であると言われていました。また、社会教育は、学校教育とは異なり、本来的に市民・学習者の主体性を前提とする活動であります。

高度経済成長の時代を経る中で、地域コミュニティーが衰退していくとともに少子高齢化の急激な進展等により、社会教育は、「広い意味での地域づくり」から「個人の自己実現活動の支援」へと主軸を移行してきています。一方、個人と社会を結びつけるボランティア活動や市民活動が増加してきて、各所で活躍しつつあります。

現在、多くの市民が、パブリックサービスとしての地域活動や多様なボランティア活動に参画して、地域貢献を実現するとともに自己充実・成長を図っていることは、正しく社会教育の実践と言えるものではないでしょうか。

これからの社会教育は、社会教育実践の質量ともの拡充を図ることが肝要であり、これらの参画促進環境を整備するなど、地域活動やボランティア活動の活性化を図り、地域づくりを推進していくことが大切であると考えております。

微力ながら、いままでに知り得た知識や経験（下記略歴の通り）を活かして、南足柄市社会教育の発展のお手伝いをさせていただきたいと思います。

【略　歴】

＊平成24年３月　小田原市役所を定年退職。退職前９年間を、①平成15年４月～平成19年３月 中央公民館長（課長補佐）、②平成19年４月～平成23年３月 生涯学習センター館長（担当課長）、③平成23年４月～平成24年３月 市長部局文化部生涯学習課長として社会教育関係課に勤務。

＊平成24年３月　「自由時間研究会」（桜美林大学 瀬沼克彰 名誉教授主宰）に入会。当会は、「自由時間充実に関する諸問題を多角的に研究し、会員が討議して、研究成果を社会に発表していく」ことを目的に平成22年３月に発足。桜美林大学四谷キャンパス会議室で月１回の会合を実施している。

＊平成25年4月　和田河原自治会役員に就任。担当は生涯学習・文化委員。市の生涯学習地域委員、向田小学校区青少年健全育成会会員を併任。
＊平成25年5月　ＮＰＯ法人南足柄市観光ボランティアガイドの会に入会。
以上

上記以外に、住所、氏名、年齢、職業、電話番号等の情報を提出した。応募締切は9月17日で、選考結果は10月8日までに応募者本人に直接、連絡がくることとなっていた。

9月24日、担当の市民活動課長補佐から電話が入った。他の南足柄市審議会委員等に就任しているか否かの確認の電話であった。応募要領には他審議会委員に就任していないこととの条件明記はなかったが、就任していない旨を回答した。

9月26日付け南足柄市教育委員会教育長名で、「社会教育委員として適格であると判断しましたのでご通知します。なお、今後、定例教育委員会において、付議しますので、委員決定につきましては、改めてご連絡させて頂きます」と選考結果が送付されてきた。併せて、課長補佐から「この度は、社会教育委員の応募、ありがとうございました。選考の結果、「適格」と判断させて頂きました。つきましては、11月定例教育委員会で合議します。今後ともよろしくお願いします」とのメモも添付されていた。

11月８日付けで、南足柄市社会教育委員の委嘱および社会教育委員会議開催の通知をいただいた。新委員での第１回の会議は、12月10日午後３時からと記載されていた。

3　公募委員の活動概要

初会合は、未知の世界に誘われたような期待感と緊張感に包まれ、元教員および現役教員の委員の多さ（８人のうち４人）に納得と驚きを感じた。新人委員は私ともう１人の２名で、その人はスポーツ団体から推薦された方であった。男性委員５人、女性委員３人の構成である。当日は、会議終了後、新旧委員の歓送迎会・懇親会が駅前の居酒屋で行なわれた。

以下、委員活動２年間を年度ごとに区分して紹介する。

(1) 平成25年12月～平成26年３月

12月10日の第１回目の会議は、委嘱状の交付、教育長のあいさつ、出席者の自己紹介、正副委員長の選出等の後、議事に入った。議題は、「社会教育委員会アンケートの集計結果について」

であった。平成24年度からアンケート内容を検討し、平成25年度当初に実施したアンケート用紙が回収できたところである。結果概要の説明の後、詳細集計をすべく各委員にアンケート用紙原本が配布された。翌年1月末を目途に集約し、その結果を事務局とのメールのやり取りでより確かなものにして、3月開催予定の次回定例社会教育委員会議にはアンケートの最終結果を出したいとのことであった。

アンケートは、「放課後や休日の過ごし方」に係るもので、市内全小学校6校から選出された児童および保護者を対象に、児童489人に12項目43問を、保護者461人に10項目43問の質問事項である。

私の担当は、福沢小学校の児童94人（2年生28人、4年生30人、5年生36人）と保護者90人（2年生28人、4年生30人、5年生32人）である。集計に要した時間は、1日3時間の20日ほどで約60時間であった。

アンケートに加え、児童の放課後や休日の過ごし方の実態を明らかにするため、次のとおり、関係事業の現地視察や情報収集をした。

【現地視察①「金太郎まなび塾」】

「金太郎まなび塾」は、平成25年7月から全小学校区で実施され、児童の学力向上と家庭学習を充実させることを目的に取り組まれている南足柄市の事業である。ほぼ毎週土曜日の午前に開催され、対象は小学5、6年生で、学校以外の施設を使用し、各会場定員20名、指導者は地域から公募している。

1月18日（土）に視察した事例は、南足柄小学校区での講座で、女性センター会議室での国語と算数の2時限であった。登録人数19人のうち12人が出席していた。指導者は、国語は元教員、算数は民間塾講師が講師、その他にボランティアと当番の保護者が支援していた。

国語は、一斉指導として、用意された漢字表の中で読める漢字を声を出して読む学習で、読める漢字はすべて読む方式で、5年生の児童から開始し、6年生に移行していくやり方であった。算数は、個別指導として、5年生と6年生とに分かれ、計算プリントに挑戦し、解らないことを指導者に訊く方法であった。

【現地視察②「放課後子ども教室」（文科省所管事業）】

「放課後子ども教室」は、放課後の学校の余裕教室等を利用して地域の多様な方がたの参画を得て、子どもたちとともに学習やスポーツ・文化活動、地域住民との交流活動等の取り組みを実施するものである。

平成20年度から、順次、全小学校区に拡大させていった事業である。

現在、週1回（水曜日）、授業終了時刻から午後5時（前期）、午後4時（後期）までの間、小学校の運動場、体育館、空き教室などで、有償ボランティアの指導のもと、宿題やボール遊び等をしている。年度当初に登録者を募集し、参加費は無料である。

3月5日（水）に向田小学校を視察した。雨の日で、空き教室で宿題したり体育館で遊んだりしていた。登録者数348人のうち、129人が参加していた。指導員は、受付に1人、体育館に3人、空き教室に1人、他に2人の計7人が従事していた。

【情報収集「放課後児童クラブ」（学童保育所）（厚労省所管事業）】

「放課後児童クラブ」は、保護者が労働等により昼間、家庭にいない児童の健全な育成を図るため、小学校の第1学年から第4学年までの児童を保育するものである。

昭和52年度に塚原学童保育所が最初に開設され、平成22年度に福沢第二学童保育所が開設されたことにより、平成26年1月現在の設置数は、市内全6小学校区のうち5小学校区に8カ所が開設されている。開設場所は、小学校内４カ所、中学校内１カ所、民間施設３カ所となっている。運営主体は、各保育所保護者会で、運営経費は、厚労省等の補助金と参加児童の保護者の負担金である。

以上、年度末までに集計したアンケートの結果や現地視察・情報収集等から見えてくることとして、次の６項目にまとめた。

①家の中で、家の人や一人で過ごしている子が多く、テレビを見たり、ゲーム機で遊んだりしているケースが多い。仲間と一緒に遊びたいけど、仲間が近くにいなかったり、いたとしてもお互いの時間の調整がつかなかったりして、それができない。

②屋外で体を動かして遊びたいと思っている児童や、それを願う保護者は多いが、現実はそれができない。遊び場所が足りないと感じている児童や保護者がかなりいることや、遊び場所があったとしても、公園や広場は大人の目が届きにくくて遊ぶのには安全面からの不安があると考えられている。

③塾や習い事に通う児童の割合が多く、児童の放課後や休日の自由遊びの時間を生み出しにくくしている。

④児童の公共施設の利用は少ない。「放課後にどんな場所で過ごすか」の回答では、図書館、公民館などは、5％前後の低さである。公民館のような公共施設が市全体でも数が少なく、また、交通の便が良い場所とはいえず、休日はともかく放課後の利用が少ないのは、やむを得ないのかもしれない。

⑤子ども会に入っていない子が多く、加入率は約60％。子ども会の組織や運営の見直しは、子ども会関係者だけでなく、行政側も含めた喫緊の課題である。

⑥保護者で児童の放課後や休日の活動に関われるかの回答は、できる、できないがおよそ半数ずつになっている。子どもたちの居場所づくりに関わることができそうな保護者は、活動の内容にもよるが、決して少なくはなさそうに思われる。

これらは、近年における、少子高齢化や核家族化の進行、共働き家庭の増加、子どもたちの安心・安全への関心の高まり、習い事や塾通いの増加など、子どもたちの生活を取り巻く環境の大きな変化から生じてきているものと思われる。

平成25年度は、社会教育委員会議2回、社会教育委員研究会（視察を含む）3回、地区研究会1回の計6回の会議に参加した。

(2) 平成26年4月～平成27年3月

４月10日に、平成26年度社会教育委員第１回研究会が開催された。議題は、「アンケートの結果と分析について」であり、併せて、アンケート集計結果等をもとに事例発表することとなっている「平成26年度第45回関東甲信越静社会教育委員研究大会神奈川大会（以下「神奈川大会」という）開催要項用原稿について」であった。

平成26年度になって、当研究会では、アンケート調査の考察を深めるとともに、神奈川大会に向けて、開催要項に掲載されるＡ４判２頁の原稿や神奈川大会当日の発表のためのパワーポイントの作成等の作業に入った。

８月21日、県社会教育連合研修会で、神奈川大会に事例発表する5市町のプレ発表が行なわれ、追加したほうが良い視点等の改善点が議論され、各市町は神奈川大会当日まで、より良い事例発表ができるよう修正することとなった。

平成26年11月20日（木）・21日（金）の両日に、神奈川大会は、鎌倉市の鎌倉芸術館や藤沢市の市民会館などの４会場で開催された。初日は全体会で、２日めの7分科会のうちの第２分科会「子どもの豊かな感性の育成」を主テーマとして、静岡市、水戸市とともに本市の３事例が発表された。本市の発表テーマは「地域で支える子どもの学びと育ち～子どもの放課後の居場所づくりや休日の過ごし方について～」であり、「1 はじめに　2 市の取り組み　3 社会教育委員の活動　4 成果と課題」の項目立てで発表した。

その中で、本市の課題として、「①放課後子ども教室・放課後児童クラブの拡充や一体化　②各施設（自治会公民館等含む）の活用　③ボランティアの人材の確保と育成　④屋外で安心・安全に遊べる環境づくり　⑤子ども会の存続への対応と今後のあり方」の5点を説明した。

地元の神奈川大会であり、社会教育委員8人全員が参加できることから、本市の事例発表分科会には発表者2人と委員長が参加し、他の委員は他分科会に分散し、その成果を共有することとした。私は、第4分科会「社会教育施設のあり方」（西東京市、富士吉田市、川崎市の事例発表）に参加した。

神奈川大会も無事に終了し、焦点は平成25年度、平成26年度の調査研究報告のまとめに移った。提言とするか、研究報告とするかの議論があったが、提言とするための具現策の検討にはまだかなりの時間を要することから、2年間の成果としての研究報告とすることとした。

報告書は、A4判22頁で、件名は神奈川大会の事例発表テーマと同じ「地域で支える子どもの学びと育ち～子どもの放課後の居場所づくりや休日の過ごし方について～」とした。

報告書に記載した課題は喫緊の課題で、地域と密接な関係にある、次の３点を挙げた。「①「放課後子ども教室」と「放課後児童クラブ」の拡充や一体的な運用のあり方　②ボランティアの人材の確保と育成　③子ども会の存続への対応と今後のあり方」であり、いずれも大きな課題であるが、行政関係部局、学校、家庭、地域が、それぞれ自身の課題であると認識し、相互の連携のもとに、本市に相応しい解決策を見出す一助になることを期待している。

平成26年度は、社会教育委員会議４回、社会教育委員研究会14回、県・地区研究会等５回の、計23回の会議に参加した。

(3) 平成27年4月～平成27年11月

通常（？）の社会教育委員会議に戻り、5月および9月に定例会議が開催され、本年度のテーマである「南足柄市生涯学習推進プランの一部改訂」を議論した。その他、県西地域の研究会等が３回ほどあったが、先約があったため、欠席させていただいた。11月25日、逗子市で開催された県社会教育連合研究会には、研究会不参加が続いたこともあり、やりくりして参加した。

平成27年度前半は、社会教育委員会議２回、県研究会１回の、計３回の会議に参加した。

２年間では、社会教育委員会議８回、社会教育委員研究会17回、県・地区研究会等７回の、

計32回の会議に参加した。神奈川大会での事例発表と研究報告書の取りまとめが重なる特異な期間となったため、かなり忙しくも充実した日々の2年間であった。

おわりに

公募社会教育委員として、2年間の活動概要を、独断と偏見の狭い視野の中ではあるが、紹介させていただいた。

振り返って、公募動機の「南足柄市の社会教育の向上に微力ながらお手伝いしたい」との想いは常に持続しており、その成果のほどはそれなりに達成できたと考えているが、社会教育委員活動の中で、「やるべきこと」や「やりたいこと」が、明確に認識し実践できていたかは疑問である。新しい世界に慣れることや、与えられた職務を遂行することに追われる日々の連続であった。

また、公募委員の役割の一つとして、既存の体制に一石を投じて、波紋を生じさせることにより、さまざまな議論を呼び起こすことが期待されていると考えていたが、どの程度、達成できたかは不明であり、もう少し角張った論議をすべきではなかったかと反省している。

そして、報告書にあげた課題の一つである「子ども会の存続への対応と今後のあり方」については、自治会役員時から、子ども会との交流の中で、現状や課題を強く認識し、大きな関心をもっていることから、今後も、機会あるごとに、多くの方がたに実態を知ってもらい、さまざまな支援や対応策をともに考え、実践していきたいと思っている。

また、多くの方がたと知り合いになり、人としての交流の輪を拡大することができたことや、社会教育委員ならではの貴重な体験をさせていただき、充実した日々を送ることができたことに、大変、感謝している。

今後も、これまでの経験を生かし、南足柄市社会教育の発展・推進のために尽力していきたいと考えていたところ、縁あって、平成27年12月からの2年間も公募社会教育委員として活動（2期4年間で終了）させていただいている幸甚に感謝するとともに、引き続き、南足柄市の社会教育の発展に微力ながら尽力していきたいと思う。

区民と行政が一体となった地域活動支援の取り組み

――杉並区の事例から――

中川和郎

はじめに

地域における公共的価値の実現を担う主体は、代議制民主主義を政治制度の根幹とする限り、今も昔も行政府（地方公共団体〈以下「自治体」とする〉）であるが、豊かで活気のある民主主義社会をつくっていくうえで、行政府以外の公共的価値の実現を担う団体、すなわち、地域活動団体やＮＰＯ法人などによる市民活動もその役割を果たす。こうした状況は、公共的価値の実現を担う主体が多元化することを意味しており、地域活動団体や特定非営利活動法人（以下「ＮＰＯ法人」とする）などによる市民活動が公共的価値を担っていく理念を「新しい公共」と呼んでいる。(1) したがって、これまでは行政府が一元的に公共サービスの提供を行ない、住民はその受け手でしかなかったが、地域活動団体やＮＰＯ法人なども公共の担い手として参入することで、住民はさまざまな公共サービスの提供を受けられるようになり、豊かで潤いのある自立的（自律的）な社会がつくられることになる。

では、なぜ、このような「新しい公共」の理念が地域活動などで求められるようになってきたのか。その理由は、①ニーズの的確な把握、②政策の優先順位の明確化、③公共的課題の高度化への対応、④特色ある地域づくりへの対応が挙げられる。(2) そして、平成7年1月に起きた阪神淡路大震災では、被災地支援においてボランティアの役割が大きくなり、一般的な市民主導による活動の普及・定着につながった。そして、平成23年3月に起きた東日本大震災では、三陸沿岸の地方自治体の庁舎が津波による被害を受け、行政機能が麻痺した。このことを踏まえ、地域に住んでいる人たちが自分たちの地域について主体的に考え、行動していくことが求められる。

以上のことを踏まえ、本稿では、杉並区の地域活動について取り上げ、区民と行政が協力していきながら地域活性化の第一歩になる事例について論じていく。というのは、杉並区は、地域活動が盛んであり、それも若い人から年配の人まで幅広く活躍している。通常、地域活動で

（1）笹井宏益・中村香『生涯学習のイノベーション』、玉川大学出版部、2013年、137頁

（2）佐藤徹・高橋秀行・増原直樹・森賢三『新説　市民参加―その理論と実際―』、公人社、2005年、10―11頁

の総体的な傾向としては、定年退職された方がたのセカンドライフや専業主婦の余暇活動が強く、若い人たちや勤労者がボランティアで団体に入り、継続的な地域活動に関わる機会が少ない。では、なぜ、杉並区が幅広い年齢層において地域活動が活発なのであろうか。それは、政策的な側面と区民の自立（自律）意識が高いことが挙げられる。なお、本稿で記されている見解については、私見であることをおことわりする。

1　杉並区における「新たな協働」の推進に向けて

杉並区は、杉並区自治基本条例や「杉並区ＮＰＯ・ボランティア活動及び協働の推進に関する条例」に基づき、ＮＰＯやボランティア団体等の活動支援および協働の推進に積極的に取り組んでいる。平成16年度には協働ガイドラインを策定し、区とＮＰＯ等との協働の実現に向けた基本方針や手順を明らかにするとともに、平成17年度からの「スマートすぎなみ計画―第3次行財政改革実施プラン―」において、区の経営改革の目標として、協働および民営化・民間委託の推進を図ってきた。また、平成18年度には、すぎなみ地域大学を創設し、団塊の世代の地域還流を視野に入れた新たな公共サービスの担い手育成プログラムの充実に努めてきた。

そもそも、協働とは何か。杉並区自治基本条例では、協働の定義を「地域社会の課題の解決を図るため、それぞれの自覚と責任の下に、自治の立場やその特性を尊重し、協力して取り組むことをいう」（第2条第1項第4号）と規定している。そして、これからの協働は区とＮＰＯ等との関係だけでなく、ＮＰＯ法人同士、ＮＰＯ法人と町会・自治会などの地縁団体など、地域で活動する団体同士が連携・協力し、自ら主体的に地域の課題を解決していくものを含んでいる。

協働の目的については、協働により多様な公共サービスの提供を広げることや、区民の社会参加による主体的な地域社会づくり、行政における仕事の見直しや区職員の意識向上を図ることである。すなわち、協働により、より区民の願望に沿った公共サービスの提供が期待でき、地域に潜在化している区民の知識や経験を活かす機会、社会参加の機会を広げることにもつながる。

このように、杉並区の地域活動の特徴としては、行政が制度・政策の面で基盤づくりをし、区民が自発的に地域活動への取り組みができるようになっている。

(1) 協働提案制度

杉並区の協働提案制度は、平成25年度に試行され、平成26年度より本格実施されている。区とNPO法人、地域団体、事業者などの地域活動団体が、互いの立場を尊重し、役割を分担しながら地域課題の解決に取り組む制度である。具体的には、公益性・公共性が高く、事業実施の効果も客観的に把握でき、資金調達等の運営計画を明らかにした事業を対象とし、地域における協働推進に資する仕組みにしていくことである。

実際に、行政側では、地域課題を解決するために協働にふさわしい地域活動団体をみつけることができないことがある。また一方で、地域活動団体側では、協働したいと思っていても、行政から声がかかるまで、その機会に巡り会えないこともある。このことを踏まえて、この制度は、区と地域活動団体が協議を始めるきっかけづくりであり、コミュニケーションの機会を通して、地域課題の解決に向けた協働事業の具体化につながることを目的としている。

また、この制度では、区と地域活動団体が互いに地域の課題解決に向けた方策を協議していく過程（事前の打ち合わせや協働を十分に行なう機会）を重視している。すなわち、提案にあたっては、お互いの共通理解を深め、具体化の際の意思疎通の円滑化を図るため、区の所管部署と十分な事前協議を行なうなど、実質的な協働に向けたプロセスの確保に努めている。協働提案の行程については、①協働テーマ（課題）の庁内募集（5月から6月）、②協働提案の募集・周知（7月）、③事前相談（7月から）、④事前協議（7月から9月）、⑤協働の確認と外部評価（10月から11月）、⑥事業化の内定と協定・契約の締結に向けた事業協議（12月から翌年3月）、⑦事業実施に係るモニタリング（次年度）という手順で行なう。

協働テーマ（課題）の庁内募集は、提案の募集に際して、庁内各課へテーマを募集する。各課から提出されたテーマをもとに6月に庁内に設置している協働推進本部においてテーマの決定を行なう。

協働提案の募集・周知については、7月に広報等による地域活動団体への募集を開始する。これに併せて、制度の概要、協働テーマに対する募集内容についての団体向け説明会も開催する。事前相談は、地域活動団体からの事前相談票をもとに、提案内容、協働による効果、団体の主体性・遂行能力などを検討する。

事前協議は、提案団体と区担当課との間で行なう。協議にあたっては、区で認識している課題に合っているか、公益性があり効果が見込めるか、実現可能性はあるか、どのような協働の形態があるかなどをチェックしていく。

協働の確認と外部評価については、提案団体と区担当課との間で確認がされたら、相互で協議のうえ、提案団体が協働提案書を作成し、杉並区ＮＰＯ等活動推進協議会委員を中心に構成する協働提案評価委員会の外部評価（書類審査およびプレゼンテーション）を受ける。外部評価では、協働により期待できる区民や地域への効果、協働による事業化の可能性や発展性があるかなどを審査する。

事業化の内定と協定・契約の締結に向けた事業協議については、外部評価の審査を踏まえ、協働推進本部において事業化の内定がされたら、提案団体と区担当課で事業協議を行なう。協議にあたっては、事業計画を明確にする。事業化による区民サービスの向上等の効果、事業目的・役割分担（協働の形態）、スケジュールの設定、モニタリングなど実施内容を評価する仕組みなどを明らかにする。具体的な実施事業の計画を策定したら、協定書を取り交わす。そして、委託の形態を選択した場合は、予算措置後に協定・契約の締結の準備を行なう。

事業実施に係るモニタリング（次年度）については、事業実施の際にモニタリングなど事業の評価を適時・適切に行ない、事業の継続性の可否についても判断していく。

協働提案の行程後、制度の評価・検証については、杉並区NPO等活動推進協議会の意見を踏まえ、協働推進本部において、①事前相談・事前協議により十分な意思疎通が図れたか、②提案団体と区担当課が協議の原則に基づき協議が行なえたか、③協働に対する区職員の意識は向上したか、④地域において主体的な協働の取り組みが生まれたか、⑤制度を本格実施する意義があるか、などの視点により制度の評価・検証を行なう。

対象協働事業は、次のａからｆまでに掲げる事項をすべて満たすもので、区からの課題提起に対する事業または地域活動団体から課題提起する事業である。

ａ　地域の課題の解決につながるもの
ｂ　区と地域活動団体が協働することで相乗効果が期待できるもの
ｃ　地域活動団体が主体となって実施することが可能であるもの
ｄ　特定の個人や団体のみが利益を受けるものではないもの
ｅ　区への一方的な要望ではなく、区と地域活動団体との協議の結果、明確に協働の役割分担ができるもの
ｆ　宗教活動または政治活動を目的としていないもの

協働事業の実施期間は、単年度事業である。ただし、杉並区ＮＰＯ等活動推進協議会による事業評価の結果を踏まえ、杉並区長が必要と認めるときは、提案事業が単年度ごとに延長することができる。そして、事業提案を実施するにあたっての必要な費用については、区と提案団体との協議に基づき、役割分担に応じて互いに負担する。

では、実際の協働提案事業について、杉並ごみ減量プロジェクトを例に取り上げてみたい。

〈杉並ごみ減量プロジェクト〉

平成26年度から、NPO法人リトルワンズの企画・提案により、区内の子育て支援団体である「こぶたラボ」「お産とおっぱい・おしゃべり会」と協働で開始した事業である。平成26年度、27年度に仕事や育児に追われていて、周知・啓発活動が届きにくい子育て世代を対象に、ごみを減量するための講座「家庭から出るごみを減量する施策の普及・拡大」を実施した。その他、講座を主催した3団体と杉並区が協働で『杉並ママパパのマイベスト！ キッチンすっきり編』という小冊子を作成した。

区部にある最終処分場（江東区）はあと50年で満杯になる見込みである。杉並区は延命や環境への負荷を減らすため、ごみ減量に取り組み、区民1人当たりのごみ排出量は平成23年度から3年連続区部で最少となっている。プロジェクトは、子育て世代に対する普及・啓発活動によるごみ減量意識の醸成と、子育て世代の口コミの力によるごみ減量施策のさらなる普及によって、意識改革・行動変容を促し、ごみの減量を進めるのが狙いである。

平成26・27年度の講座のプログラムについては、子育て世代が興味をもつようなキーワード

■平成 26 年に実施された講座

実施日	講座名	実施団体	実施場所	参加人数
4 月 25 日	料理教室デモ講座	リトルワンズ	知の市庭スタジオ	5
5 月 23 日	お野菜クッキー講座＆キックオフミーティング	こぶたラボ	おやこカフェほっくる阿佐ヶ谷	5
6 月 27 日	冷蔵庫・食糧庫の賢い収納術講座	こぶたラボ	おやこカフェほっくる阿佐ヶ谷	２０
7 月 1 日	エコな時短レシピで幼稚園弁当作り	お産とおっぱい・おしゃべり会	阿佐ヶ谷地域区民センター	１０
8 月 9 日	エコな時短レシピで家庭ごみを減らそう～夏休みの自由研究・キッズＩＳＰ向け	お産とおっぱい・おしゃべり会	阿佐ヶ谷地域区民センター	２０
9 月 19 日	大人の社会見学	こぶたラボ	千歳清掃工場・堀之内中継所	7
9 月 26 日	夏休み自由研究発表・ディスカッション	こぶたラボ	おやこカフェほっくる阿佐ヶ谷	7
10 月 3 日	生ごみ減量料理術・生活術講座	こぶたラボ	おやこカフェほっくる阿佐ヶ谷	１０
10 月 27 日	エコな時短レシピで幼稚園弁当作り	お産とおっぱい・おしゃべり会	阿佐ヶ谷地域区民センター	１５

■平成 27 年に実施された講座

実施日	講座名	実施場所	参加人数
5 月 15 日	エコライフ実践講座	おやこカフェほっくる阿佐ヶ谷	１１
6 月 2 日	ごみ・資源の処理の流れを学ぼう！大人の社会見学	目黒清掃工場・堀之内中継所	8
6 月 16 日	毎日のごはん作りが楽しくなる♪ラクラク段取り講座	おやこカフェほっくる阿佐ヶ谷	１４
6 月 30 日	おさらい＆作戦会議	おやこカフェほっくる阿佐ヶ谷	9
7 月 24 日	夏休み特別企画☆親子社会科見学＆ OM ワークショップ	千歳清掃工場・堀之内中継所・阿佐ヶ谷地域区民センター	１７
9 月 12 日	モチベーションが上がる段取り術講座	Baby- co（荻窪）	7
9 月 18 日	長持ち・栄養 up の干し野菜講座	バードバス（和田）	１１
10 月 6 日	イタリアンシェフ直伝お野菜スイーツ講座	イルソーレ（上北沢）	１１
10 月 25 日	ナチュラルクリーニング講座入門掃除編	ヒトツナ（高円寺）	１０
12 月 1 日	報告会とまとめ動画作り	阿佐ヶ谷地域区民センター	１９

杉並区協働提案事業実施状況ホームページより
http://www.city.suginami.tokyo.jp/guide/chiiki/kyoudouteian/1018143.html

とし、受講者に対してはライフスタイルを見直すきっかけになるようにするとともに、生ごみを出さない方法についての学習内容とした。たとえば、「冷蔵庫・食糧庫の賢い収納術講座」では、冷蔵庫の中がどのように整理されていれば、何があるのかが一目でわかり、無駄な買い物や使い残しが減るかという方法について学んだ。また、「エコな時短レシピで幼稚園弁当作り」では、「エコな時短レシピ」というキーワードが興味を引き、参加者は10人であった。子どもの嫌いな食材がどうしても残ってしまうという母親たちの声を尊重し、子どもの嫌いなニンジンやピーマンといった食材をおいしく食べられる調理法を紹介すると同時に、食材をまるごと使い、調理くずをなるべく出さない調理法を紹介した。

受講者の主な感想は、①買い物をする際に、本当に必要かと考え、使い切れる量を買うようになった、②野菜くずなど水に濡らさないよう気をつけている、③排水溝の生ごみは絞って水分をしっかり切ってから捨てるようになった、④子どもにも紙ごみなど資源になるものは分別するように教えている、⑤簡易包装を意識し、レジ袋などごみになるものはもらわないようにしている、⑥ブログ等に、講座で学んだことや自分の行動が変わったことなどを記載し、広めている、など、講座受講者のごみ減量に対する意識や行動に明らかに変化がみられている。

(2) NPO支援基金制度

杉並区では、杉並区NPO支援基金を設置している。杉並区NPO支援基金は、区民の寄付を通して子育て支援、高齢者・障害者への福祉サービス、環境保全、教育、まちづくり活動など、さまざまな社会貢献活動をしているNPOを支援する制度である。具体的には、地域に貢献する活動を行なうNPO法人等を資金面で応援する仕組みだ。個人、団体、企業からの寄付金をNPO支援基金に積み立て、区に活動登録しているNPO法人等からの申請により、その公益的な事業に資金を助成する。

NPO支援基金への寄付は、「ふるさと納税」として取り扱われ、所得税・個人住民税の控除が受けられる。NPO法人等は、あらかじめ区に登録し、区は登録団体の情報をホームページ等で公開する。助成については、区民等で構成する杉並区NPO等活動推進協議会の審査を経て、区が決定する。

助成対象となる事業は、①活動促進事業、②協働事業、③若者活動事業、④地域活動チャレンジ事業の4つである。活動促進事業は、杉並区に登録しているNPO法人が行なう事業である。協働事業は、区登録NPO法人と、公共・公益活動を行なう団体や民間企業が協働して行なう事業である。若者活動事業は、代表者および構成員の2分の1以上が40歳未満である区登録ＮＰＯ法人が行なう事業である。地域活動チャレンジ事業は、代表者および構成員5名以上がすぎなみ地域大学修了生である団体が行なう事業である。募集期間は、毎年４月上旬の２週間から20日間にわたり行なう。

2　杉並区の生涯学習事業

(1) すぎなみ地域大学

杉並区のすぎなみ地域大学は、平成18年４月に団塊世代の大量退職の受け皿づくりも視野に開講し、地域づくりに貢献する人材の育成を目的にした実践的な講座である。これまでの受講者数は、１万６０００人を超える。すぎなみ地域大学の特色は、従来までの生涯学習講座と違い、自ら学んだ知識を地域社会で貢献していきたい人たちに学びの場を提供し、地域活動を始めるためのきっかけづくりとしての役割を果たしている。そして、地域活動に必要な知識・技術を学び、仲間を拡げ、区民自らが地域社会に貢献する人材、協働の担い手として活躍できるよう、各種講座を開講している。

具体的な基本理念は、一つめが杉並区民の社会貢献意欲を喚起し、自らの学びの成果を地域社会に活かす協働の担い手を育てる。二つめが地域貢献活動を担うＮＰＯ法人や任意団体などを人材面から支援し、相互に連携・協力して「協働の輪」を拡げる。三つめが地域の課題解決に向け、杉並区民が知恵と力を出し合い取り組む協働社会の基盤をつくることである。すぎなみ地域大学には、子育て支援など杉並区民のニーズが高いテーマで地域活動の担い手を育てる講座、初期救命の技術を学んだ救命協力員など行政に必要なボランティアを育てる講座、ＮＰＯ法人や任意団体などの団体が企画して地域活動の担い手を養成する講座などがある。講座の期間は年間４期（最大で約３カ月）に分かれ実施されている。講座の実施に関してもＮＰＯ法人や民間事業者、大学教授など外部の専門講師等に大部分を委託している。民間活力を活かした形での運営方式を採用している。

講座修了後の受講者の動向であるが、講座修了生の約7割が地域活動に携わっている。そして、ＮＰＯ法人や任意団体などの活動に参加したり、区のボランティアに登録したりするなど、多くの方が地域活動に参加している。ちなみに、少し古いデータであるが、平成26年４月末現在で受講修了生のボランティア登録が延べ４１８２人であり、修了生全体の約45％に上っている。立ち上げた団体数が19団体であり、そのうちの6団体がＮＰＯ法人である。

これまで、杉並区では、すぎなみ地域大学を中心に地域人材の育成に取り組み、協働の担い手づくりという面においては一定の成果を上げてきたが、今後は、地域の課題について、自ら考え行動する人材を育成するため、これからの人材育成にあたっては、すでに地域活動に参加している人材はもとより、幅広い世代を対象として、地域に潜在している人材の発掘からリーダーの育成まで、地域の活動や協働を実践する区民のスキルアップの要望に応えていく必要があった。

そこで、すぎなみ地域大学を中心に進めてきた地域人材の育成の取り組みについて実績等を改めて検証したうえで、協働の担い手育成と地域社会の基盤づくりに重点を置いた人材育成の方向性をより明確にしながら、地域人材の育成機能の充実を図っていくようにした。このことを受けて、ファシリテーター養成講座などのコミュニケーション系の講座を設置するようになった。地域活動の講座についても、地域活動基礎コース、地域活動実践コース、地域活動ステップアップコースと段階に応じた地域活動に関する講座を開講しており、初心者からベテラン級の実践者まで受講しやすいように配慮されている。

地域大学の運営についても、平成24年度に講座内容を大幅に変え、受講者が地域活動に参加しやすいように工夫を凝らした講座運営とした。講座を組み替える前（平成23年度）のＮＰＯ支援型講座受講者数は、８講座で約１５０名であったが、講座を組み替えた後の実績（平成25年度）は18講座で約３００名へと伸び、受講者数は約2倍となった。

(2) すぎなみ大人塾

杉並区社会教育センターでは、区民のボランティアが企画委員となり、講座を企画・実施する「区民企画講座」や、さまざまなテーマの下で、話題提供者を交えて区民が車座になって話し合う「車座トーク」など、数多くの事業を展開している。

その中で、とくにユニークなのが「すぎなみ大人塾」である。この事業には、「自分を振り返り、社会とのつながりをみつける大人の放課後」との副題がついており、地域とあまり関わりのなかった人が、仲間づくりを通じて地域とつながり、地域を知り、最終的に仲間と自主ゼミをつくってグループ活動をするプログラムである。すなわち、自らが学び得たことを発信し、学び合い、次代に伝えていくという「知の循環型社会」を目指し、地域での関わりとつながりに重点を置いている。そして、自分の可能性に気づき、ネットワークを深め、みんなで新しい地域づくりをしていこうと「放課後」的に自由な発想を育む場でもある。そして、約半年に及ぶ長期のプログラムで昼コースと夜コースがある。

3　一般社団法人ISPの取り組み

一般社団法人ＩＳＰ（以下「ＩＳＰ」とする）は、平成23年7月に設立された団体である。ＩＳＰの名称は、「愛（Ｉ）する杉並（Ｓ）プロジェクト（Ｐ）」の略称である。活動目的は、杉並区民同士の対話による交流機会を創造することを通じて、①コミュニケーションの向上、②多様な価値観への相互理解、③杉並区内における地域コミュニティの新規創設および既存のコミュニティの活性化、④まちづくりの先駆的なモデルケースの確立と外部への発信である。めざしている理想は、「すぎなみの民主主義が、ちょこっとかわる」、理想を実現するための行動は、聴き合うことからまちづくり、行動するうえでの不変の価値観は、一人一人と丁寧に向き合うことである。とくに力を入れているのが、対話の場の企画・制作・運営事業であり、その要となるのが、「杉並区ワールドカフェ・サロン―もし、杉並区の１００人と〝ともだち〟だったら―」（以下「１００とも」とする）である。平成24年1月から始まり、杉並区内で１００人の友だちができたらいいなという主旨で、身近なテーマについてワールドカフェ方式などで対話する区民交流イベントである。世代・立場・国籍をこえて集まる杉並の聴き合いの場として、

「月に1度、ここにくれば杉並区のみんなに会える」場所を目指している。〝100とも〟は現在も月に1回開催され、世代や性別の異なる人たちがテーブルを囲んでいる。参加者においては、過去最年少は6か月の乳幼児、最高齢は86歳である。その〝100とも〟も、平成28年12月で50回を数えるまでになった。第49回まで延べ参加者数、1769名であり、〝100とも〟をきっかけで一緒に起業したり、結婚するカップルも現われたりしている。また、人付き合いなどコミュニケーションが苦手だと感じていた若い世代の人で、〝100とも〟をきっかけに「居場所」をみつけ、行動が積極的になり、人とのコミュニケーションを良好にできるようになった事例もあり、若い世代の「居場所」づくりにも寄与しているともいえる。

では、なぜ、このような取り組みを始めたのか、当時の代表理事であった山ノ内凛太郎さんは、「みんなが良い街にしたいと思っていても、そもそもの『良い』が人によって違う。それを統一するのではなく、あなたはそう思ってるんだね、と受け入れる姿勢をつくるんです。目標は、自分たちの街のことくらい自分たちで責任を負うよ、という街にすること。何か問題があったとき、行政や議員に頼むのではなく、まず自分たちで話し合うのが理想です」[3]と言われている。具体的な運営方法としては、①「聴き合うこと」が目的（対話のテーマを事前に提示

(3)『東京新聞』、平成28年11月3日「聴き合う楽しさを知る　山ノ内凛太郎」、4頁

しないで集客）、②「趣味」、「伝える」といった身近なテーマで対話、③運営側（スタッフ）の丁寧なおもてなし（参加者の名前を覚える、一人一人に合ったお礼など）などを心がけており、区民交流の場づくりに寄与している。山ノ内さんは横浜市出身であるが、学生時代の平成20年に杉並区交流協会のイベントを手伝ったのがきっかけで、杉並区という地域の魅力にとりつかれ、杉並区に移住し、現在に至っている。そして、「まちで働く」をモットーに取り組んでいる。〝100とも〟を中心に地域のファシリテーターをつくることに尽力されたり、自治体の研修に携わったり、杉並区の友好都市である小千谷市（新潟県）との交流など、いろいろなところでムーブメントを起こしている。

4　なぜ、区民発の取り組みが不可欠なのか

では、なぜ、市民（区民）主導の取り組みおよび行政との協働が求められるようになってきたのか。①住民ニーズの多様化、②少子高齢化による行政の税収減少、③成熟社会における行政と住民による役割分担の明確化などが挙げられる。その意味からして、行政は市民（区民〈地域活動団体〉）を育てることにより多くの予算を計上し、行政との協働が実現できる基盤づく

りに尽力をしていく必要がある[4]。

そのうえで、行政側から、市民（区民）参加や協働が重要だ、これからは行政だけが公共を担うのではないというのであれば、その前提としてパートナーとなる市民（区民）の力を育てなければ、真の行政への市民（区民）参加および市民（区民）と行政との協働は不可能である。したがって、行政側は、市民（区民）の力を育てる基盤づくりをしていくことが求められる。すぎなみ地域大学のように、地域活動に必要な知識・技術を学び、仲間を拡げ、市民（区民）が地域社会に貢献する人材、協働の担い手として活躍できる仕組みを構築していくことが必要であろう。

杉並区と隣接しているある自治体では、基本構想・基本計画での実施計画における調整計画素案策定で、公募による市民会議を立ち上げ、市民参加を推進してきた。しかし、市民会議では、委員のほうから建設的な意見・提案が相対的に少なかった。なぜ、建設的な意見・提言が相対的に少なかったかについて分析してみたい。まず、会議の形式が参加型会議という方式を採らなかったことである。建設的な意見・提言を出しやすくしていくためには、人数を小グループに分け、ワークショップ方式やワールドカフェ方式などの参加型会議で参加者の発言をたく

（4）森良『地域をつなぐもりもりコーディネイション』、まつやま書房、平成26年、97頁

さん出していくことが大切である。

そして、この自治体における地域的特性と環境的要因についても触れてみたい。財政力指数がほぼ毎年全国で10番目までに入る財政力があるため、先進的な政策を次々と打ち出すことができた。とくに、ある首長のときは、全国に先駆けての先進的な政策を数多く打ち出してきた。しかし、これらは、当時の首長の強力なリーダーシップのもと、トップダウン方式で政策を実施し、有効に機能してきた。そして、豊かな財政を背景に先進的な行政サービスを提供することが長年にわたり続いてきた。その間、住民主導による地域活動はあまり育ってこなかったと思われる。こういう場合、強力なリーダーシップをもった首長が退任した後、マイナス面が表面化してくるともいえる。すなわち、住民の多くは、地域活動に対する姿勢が受け身となり、自分たちで考える癖がいつの間にかなくなるので、地域としての自立性（自律性）が育たず、住民自治がなかなか育ちにくい。そして、受け身になることにより行政に対し文句・要望等を言い、要望することで自分たちが偉い、意識が高いと勘違いしていることが少なくない。

杉並区も昭和40年代までは、住民によるエゴが強かった地域だったと思われる。たとえば、杉並区内の清掃工場建設の問題については、第二次世界大戦前に遡る。昭和14年に、当時の東京市は都心から半径15キロメートル以内に9カ所のごみ焼却場を建設するごみ処理場建設計画を策定した。杉並は西田町（現・成田西）に建設が予定された。一部の建設予定地は市によって買収されたが、戦争によって中断された。

戦後、清掃事業の業務は東京都となり、ごみ焼却場の建設作業が再開された。杉並区では昭和31年に地元の反対で建設作業が中断された。その後、清掃工場の建設予定候補地が発表されるたびに、周辺住民による反対運動が起きた。こうした杉並区の状況をみて、昭和46年12月と昭和48年5月の2回にわたり、杉並区のごみの最終処分場である江東区が、杉並区のごみ搬入実力阻止を行ない、杉並区内の街頭でごみが大量に山積みされ、溢れかえった。昭和48年6月、清掃工場建設予定地が高井戸駅東側の場所に決定された。周辺住民は反対期成同盟を立ち上げ、「清掃工場用地の都市計画事業決定にかかる取消訴訟」を提訴したが、昭和49年11月に住民と東京都の和解が成立した[5]。

その後、区民協働提案制度の創設や、すぎなみ地域大学の開講など、行政側が地域活動をしやすい仕掛けづくりをしたことにより、区民が主体となる地域活動が盛んになった。また、ＩＳＰなどの団体が主体で地域のイベントを定期的に実施するなど、行政に頼らないで住民主導で進めていく機運が高まった。たとえば、杉並区立中央図書館改修案については、平成28年に

（5）東京都清掃局総務部総務課編『東京都清掃事業百年史』、平成12年、２４９―２５３頁

3回にわたり区民主導でのワークショップを開催し、報告書も作成された(6)。住民の自治意識が高いといえよう。

おわりに

これまでの自治体は、概して首長の指導力に依拠してまちづくりを進めてきた。しかし、市民の知的能力や主体的な活動が飛躍的に高まった今日、首長個人の指導性にのみ依存したまちづくりは、反面で市民参加などの自治システムをなおざりにしがちで、それゆえに市民の自治体に対する心理的距離を拡げてしまう。したがって、市民の知恵やエネルギーを自治体の政策活動に日常的に結びつける総合的な市民自治が育たないと考えている。すなわち、首長の能力だけに頼る自治体は、長い目でみると自治能力が蓄積できない(7)。そして、首長の個人的なリーダーシップに過度に依存する自治体は、どうしても市民参加などの自治システムの整備を疎かにしがちである。客観的には優れたまちだと評価されても、内部的には市民と行政の間に大きな溝ができてしまう。先進自治体であることに違いないが、自治能力が蓄積されないために、首長交代後の先行きに不安が生じ、持続性が欠けてしまう(8)。

このことを踏まえ、杉並区の事例は、区民が地域活動をしやすいように制度として基盤整備をし、区民が主体となって地域活動をし、行政の施策・事業計画で協働できるようになっている。そして、区民力が高ければ行政との関係が良好になり、地域の発展につながるものと実感している。区民主体の地域活動を実践している杉並区のますますの発展を願うばかりである。

(6) 杉並区立中央図書館編『「中央図書館改修を考える区民ワークショップ」実施報告書』、杉並区立中央図書館、平成28年
(7) 神原勝『［増補］自治・議会基本条例論—自治体運営の先端を拓く—』、公人の友社、平成21年、5頁
(8) 神原勝前掲書35—36頁

参考文献

・すぎなみ大人塾ホームページ
http://www.city.suginami.tokyo.jp/kyouiku/shogai/otona/1008038.html
・杉並区協働提案制度の概要ホームページ
http://www.city.suginami.tokyo.jp/guide/chiiki/kyoudouteian/1017229.html
・すぎなみ地域大学ホームページ
http://www.city.suginami.tokyo.jp/guide/bunka/gakushu/daigaku/index.html

生涯学習と市民活動の連携に関する一提案

――学び・暮らし・まちづくりが一体化した『地域学習都市さやま』の創造に向けて――

間苧谷 榮

1 わが国が置かれている危機的状況への新たな対応

(1) 新たな対応の必要性

急速なグローバル化や少子高齢化が進むなか、わが国は、65歳以上の人口が総人口の21％を超える超高齢社会(1)の諸問題をはじめとする諸課題の解決を迫られている。経済成長の減速、人口の減少、富の偏在、環境・資源の限界が露わになりつつある現在、「経済のパイを大きくする」という従来の対応では、この危機的状況に対応するのは不可能になり始めており、とくに、人びとの欲求や関心が高まりつつある「ケア関連分野」(介護、福祉、教育、農業など)の問題解決には、行政だけでは対応しきれない事態が生まれている。広井良典が指摘するように、ケア関連分野は深いところで相互に繋がり合っている。すなわち、英語の「文化(culture)」や「耕す（cultivate）」の語源であるラテン語の「耕す（colere：コレール）」の原義は、「世話をする」であり、したがって、「自然の世話をする」のが農業、「人（とくに高齢者）の世話をする」のが介護（ケア）、「心の世話をする」のが文化（教育）であるということになり、これらのいずれの分野も市場経済に単純には委ねることはできず、公的支援策が必要とされる点で共通している。[2]

これらの労働集約的で、「貨幣に換算するのが困難であるような領域」における危機的状況の打開のためには、市民活動、とくに、行政と市民の協働による「地域づくり」（コミュニティづくり、まちづくり）などの新しい発想による対応が不可欠になってきている。子どもから高齢者までの多くの市民が、地域の課題・社会のニーズが何であるかを学び、その解決に取り組む社会を創り出す必要がある。[3]

（１）ＷＨＯ（世界保健機構）や国連の定義によると、「超高齢社会」は、65歳以上の人口の割合が総人口の21％を超える社会であり、７％超で「高齢化社会」、14％超で「高齢社会」とされている。「"高齢化"を示す指標」（人口構造・定義・統計調査の基礎概念及び分析方法について）http://www.toukei.metro.tokyo.lg.jp/jsuikei/js-index5.htm

（２）広井良典『創造的福祉社会論――「成長」後の社会構想と人間・地域・価値』（ちくま新書、２０１１年）１２３ページ：広井良典「ケアの倫理と公共政策」『社会保障研究』Vol.1,No.1（２０１６年６月）、33ページ。

（３）広井良典氏の『創造的福祉社会論』を含む一連の著作――『ポスト資本主義』（２０１５年）、『コミュニティを問い直す～つながり・都市・日本社会の未来』（２００９年）、『ケアを問い直す――〈深層の時間〉と高齢化社会』（１９９７年）など――は、問題の所在を探り、解決策を模索する際の示唆に富んでいる。

行政もこの問題を重視し、具体的な検討を開始し始めている。教育再生実行委員会（内閣府）の提言「『学び続ける』社会、全員参加型社会、地方創生を実現する教育の在り方について」（平成27年3月4日）や、文部科学大臣の中央教育審議会（中教審）への諮問「個人の能力と可能性を開花させ、全員参加による課題解決社会を実現するための教育の多様化と質保証の在り方について」（平成27年4月14日）を受けて、中教審生涯学習分科会の「学習成果活用部会」（平成27年4月〜）が審議を始めている。

われわれ市民は行政と協働しつつも、市民のイニシアティブで、この「全員参加による課題解決社会」を作り上げる覚悟をもつべきであろう。その場合、高齢者を含む大人だけではなく、「子どももまちづくりの一員」と捉える視点から、子どもと一緒につくろうとする姿勢も必要となるであろう。子ども条例、子ども委員会、子ども議会をつくって成果を上げている自治体（一例：兵庫県宝塚市）もある。[4]

(2) 住民の「市民力」をいかに高めるか

地域住民が地域課題の解決にあたるためには、単なる住民に留まっていてはならない。住民は問題発見力、問題解決力、交渉力などを備えた「アクティブな市民性」（active citizenship）

を備えた志ある市民に成長しなければならない。住民の「市民力」（「市民能力」：civic skills and competencies）を高め、志ある「市民」に鍛え上げる役割を担うものこそが、「生涯学習」にほかならない[5]。後述するように、生涯学習のなかでも、とくに、「地域づくり型生涯学習」が重要である。

中教審生涯学習分科会の議論（第６期中央教育審議会生涯学習分科会の『議論の整理』、平成25年１月）や「第二期教育振興基本計画」（平成25年度～29年度、平成25年６月14日閣議決定）を見れば明らかなように、国も「市民参加の地域づくりにおける生涯学習の役割」を重視し始めており、上記のように、教育再生実行委員会（内閣府）の提言や文科相の中教審への諮問では明確にこの意思を表明している。これを受けて、中央教育審議会・生涯学習分科会の「学習成果活用部会」（平成27年４月～）が審議を始めた。学習成果活用部会はその『中間まとめ』（平成27年10月公開）のなかで、「地域に根差した学習機会の減少」、「地域活動の停滞（参加者の高齢化・固定化）、「地域活動参加者の減少」が見られる現在、「より意図的に、学習者を地

（４）「特集　まちづくりの主役は私たちが主役」『広報たからづか』１２００号（２０１６年１月）、３―６ページ
（５）池田秀男「新しい市民社会と生涯学習」１、２（『生涯学習研究ｅ事典』、日本生涯教育学会、平成18年１月、http://ejiten.javea.or.jp/）

域活動への参加に誘う仕組みづくりが必要になっている」と強く主張している。(6)

2 生涯学習とは何か〜四つの領域

生涯学習について言及する入門書や概説書の多くは、フォーマルな教育、インフォーマルな教育、ノンフォーマルな教育、ないしは、学校教育、家庭教育、社会教育等に個別に言及するに留まるものが多く、生涯学習の全体像をつかむのは容易ではない。そのためか、生涯学習とは学校教育以外の学習機会＝成人・継続教育といった誤った認識が広まっている。このような誤解を解くためには、生涯学習とは何か、生涯学習はいかなる領域からなるかといった基本的な点での共通認識が必要である。

そのようななかで注目されるのが、D．モッカーとG．スピアの研究「生涯学習：フォーマル、ノンフォーマル、インフォーマル、自発的」（Mocker, Donald W. and Spear,George E.,Lifelong Learning: Formal, Nonformal, Informal and Self-directed, University of Missouri-Kansas City, 1982）である。彼らは生涯学習が次の４つの領域からなり、全体として一つのシステムを形成していることを明確に論じている。

すなわち、モッカーとスピアによれば、生涯学習を構成する4つの領域とは、①フォーマルな教育における学習、②ノンフォーマルな教育における学習、③インフォーマルな教育における学習、④自己学習、であり、彼らは4領域の違いを、以下のように、論理的に明快に論じている。[7]

まず、モッカーとスピアは4つのタイプの学習者をあげて説明を始める。

学習者1：「私の大学の指導教授は卒業するためにはこのコースを履修しなければならないと言った。」

学習者2：「私はこれらの新薬について学ぶ必要があるので、あの研修会（ワークショップ）に出席しようと思っている。」

学習者3：「私があの領域において資格をもっていることが必要だと、認可局が言った。私の友人のジュディはそのやり方を私に教えることができる。」

学習者4：「私はきちんとした財務記録の付け方を学びたいといつも望んできた。息子の会計帳簿からそれについて学べると確信している。」

（6）中央教育審議会生涯学習分科会学習成果活用部会『中間まとめ』（平成27年9月17日）は同年10月7日に文部科学省ホームページで公開された。（http://www.mext.go.jp/chukyo/chukyo2/010/houkoku/1362612.htm）

（7）Donald W. Mocker, and Spear, George E.,Lifelong Learning: Formal, Nonformal, Informal, and Self-directed, Information Series No.241, ERIC Clearinghouse on Adult, Career, and Vocational Education/ National Center for Research into Vocational Education, The Ohio State University, 1982, 39pp.

①指導教授の指示どおりに、あるコースを履修する学習者1の学習は「フォーマルな学習」である。このタイプの学習は、大半の小学校、多くの形態の短大、大学の学位プログラムや軍事訓練に見られる。「何を」、「いかに」学ぶかについての決定は学習者によってなされず、学習者は学習の過程をコントロールする力はほとんどもたない。

②学習者2の学びは「ノンフォーマルな学習」である。個人は何を学習すべきであるかを決定するが、いかに学習するかは研修会の組織者によって決定される。

③「その領域において十分な資格をもっていることが必要だ」と認可局に言われた学習者3が、そのやり方を自分に教えることができる友人から学んだ場合の学びが、「インフォーマルな学習」である。学習者本人以外の主体が何を学習すべきかを決定する一方、学習者はいかに学習すべきかを決定している。

④自分の息子の会計帳簿から、財務記録の付け方を学ぶ学習者4の学びは、「自己決定学習」(self-directed learning)である。学習者自身が、何を、いかに学習するかを決定し、学習過程のほぼ全体をコントロールする力をもっている。

これらの例を提示したうえで、モッカーとスピアは次のように主張する。すなわち、「学習の目的」(何を学ぶか：what)と、「学習の方法・手段」(いかに学ぶか：how)を決めるのが、それぞれ、「学習者」なのか、「制度」（学校、家庭、社会など）なのかの組み合わせによって、以下のような、他とは区別される独自な4領域が成立する。

①「学習の目的」（「何を学ぶか」）、「学習の手段・方法」（「いかに学ぶか」）のいずれをも「制度」が決める「フォーマルな学習」②「学習の目的」は「学習者」が決めるが、「方法」は「制度」が決める「ノンフォーマルな学習」③「学習の目的」は「制度」が決めるが、「方法」は「学習者」が決める「インフォーマルな学習」④「学習の目的」、「学習の方法」のいずれをも「学習者」が決める「自己（決定）学習」（self-directed learning）、がこれである。

モッカーとスピアの研究の優れたところは、生涯学習を「4つの類型（generic types）からなる一つのシステム」と捉えている点である。すなわち、坂本辰朗（1985）が指摘するように、「生涯学習を4つの学習形態が相互に結合され、全体として一つのシステムたるべき多様な学習形態のネットワークとして規定しており、生涯学習＝学校教育以外の学習機会＝成人・継続教育という、多くの論者がしばしば犯すところの生涯学習をめぐる誤解の一つを回避している。[8]」

ところで、中教審生涯学習分科会も生涯学習の領域についてこの概念図とほぼ同じものを提

（8）坂本辰朗「アメリカのコミュニティ・カレッジと『生涯学習』―その果たすべき役割についての最近の諸論議について―」日本教育学会『教育学研究』52巻2号（1985年6月）、193ページ。

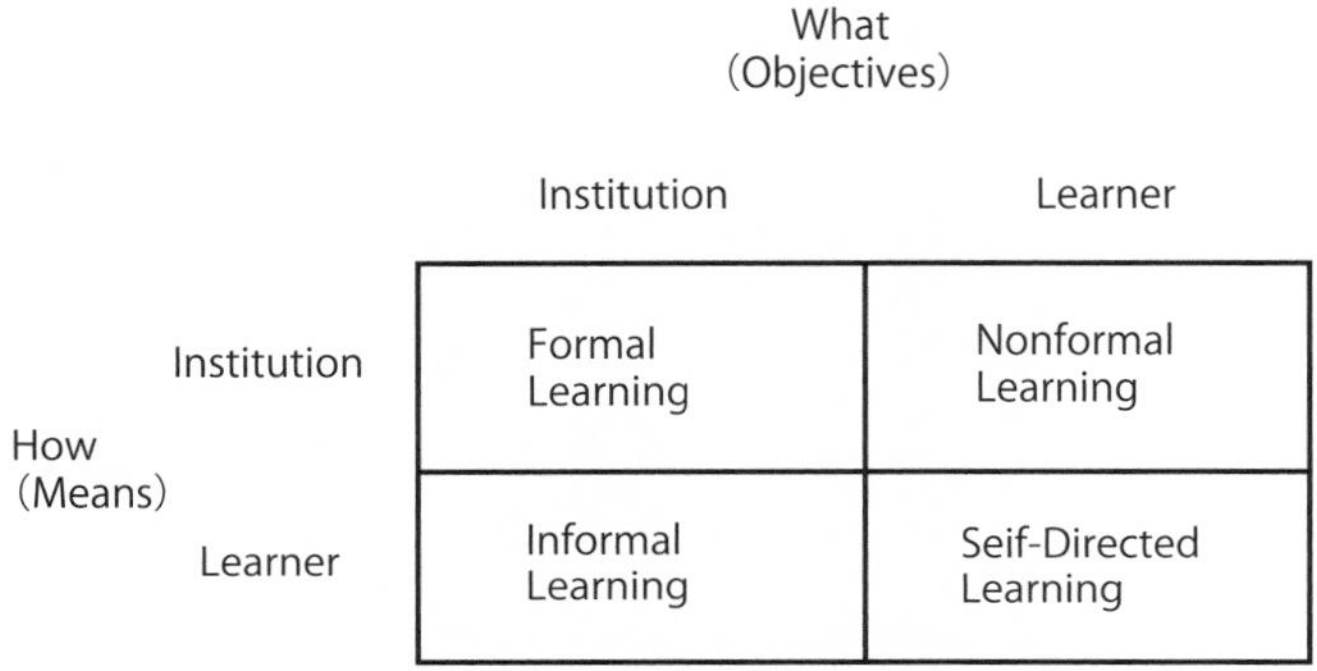

	Institution	Learner
Institution	Formal Learning	Nonformal Learning
Learner	Informal Learning	Seif-Directed Learning

図1　モッカーとスピアの生涯学習モデル図（Figure1:Lifelong Learning moldel in Mocker and Spear,Lifelong Learning:Formal, Nonformal, Informal,and Self-directed,1982,p4.）

示している。両者の図は、モッカーとスピアのものが、縦軸に「What」（学習の目的）」を取り、横軸に「How」（学習の方法・手段）を取っているのに対して、生涯学習分科会のものは、その逆になっているだけの違いである。ここでは、後者を採用することにする。①生涯学習分科会第58回（平成23年9月8日）：「社会教育と生涯学習の関係図[9]」（66ページ参照）、②生涯学習分科会（平成15年1月9日）：「生涯学習（イメージ図[10]）」（67ページ参照）がこれである[11]。

生涯学習は、これらの4つの領域を包摂しており、それら4つの領域よりも、概念上は、より上位の概念(システム)であることを忘れないことが重要であり、すでに述べたように、「生涯学習＝学校教育以外の学習機会＝成人・継続教育」という、多くの論者がしばしば犯す「生涯学習をめぐる誤解」を回避したうえで、生涯学習に関する情報を収集し、整理し、人びとに提供しなければならない。

（9）文部科学省生涯学習分科会第58回（平成23年9月8日）配布資料2—5生涯学習分科会グループ討議「基礎データ集」http://www.mext.go.jp/b_menu/shingi/chukyo/chukyo2/siryou/__icsFiles/afieldfile/2011/11/09/1311624_4_1.pdf

（10）文部科学省中教審生涯学習分科会、第27回（平成15年12月8日開催）、配布資料1、http://www.mext.go.jp/b_menu/shingi/chukyo/chukyo2/siryou/__icsFiles/afieldfile/2014/09/05/1265351_001.pdf

（11）一言付言しておかなければならないのは、右に述べてきたのは、生涯学習を「学習活動」における「意図的な学習」に限定した考え方である。しかし、岡本薫氏によれば、日本の生涯学習には、「他の先進国（西欧・北米諸国）」とは異なり、「人々が日常生活の中で結果としてたまたま何かを学ぶ」ような「偶発的学習」(incidental learning)も含まれる。岡本氏は「外国の研究者の中には、例えば次のような分類を行なっている人もいます」として、次の4つの類型をあげている。すなわち、①「フォーマル・エデュケーションにおける学習（幼稚園から大学までを含む「正規の学校教育」における学習）、②「ノン・フォーマルなエデュケーションにおける学習」（正規の学校教育以外の、組織的な教育活動~社会教育、オフ・ザ・ジョッブ・トレーニングなど~における学習）、③「インフォーマルなエデュケーションにおける学習」（正規の学校教育以外の、非組織的な教育活動~家庭教育、オン・ザ・ジョッブ・トレーニング~における学習）、④「インシデンタル・ラーニング」（「日常生活の中で、教育する側の助けをかりずに行なわれる学習」、がこれである。この④は、「自己学習活動」（学習する意思をもち、本などを用いて自ら学ぶこと）と「偶発的学習」（学習する意思をもたないが、読書、映画鑑賞、旅行、通勤、食事、散歩、その他生活の中のあらゆる活動の中で、結果としてたまたま何かが学ばれること）からなるものとされている（岡本薫『新訂　行政関係者のための　入門・生涯学習政策』一般財団法人　日本青年館、平成28年）。本稿の観点から見れば、「自己学習活動」を④「インシデンタル・ラーニング」の中に包摂することには疑問を感じざるを得ない。自己学習活動（自己決定学習）は、教育する側の助けをかりてはいないが、十分に「意図的」であり、「偶発的」ではないからである。

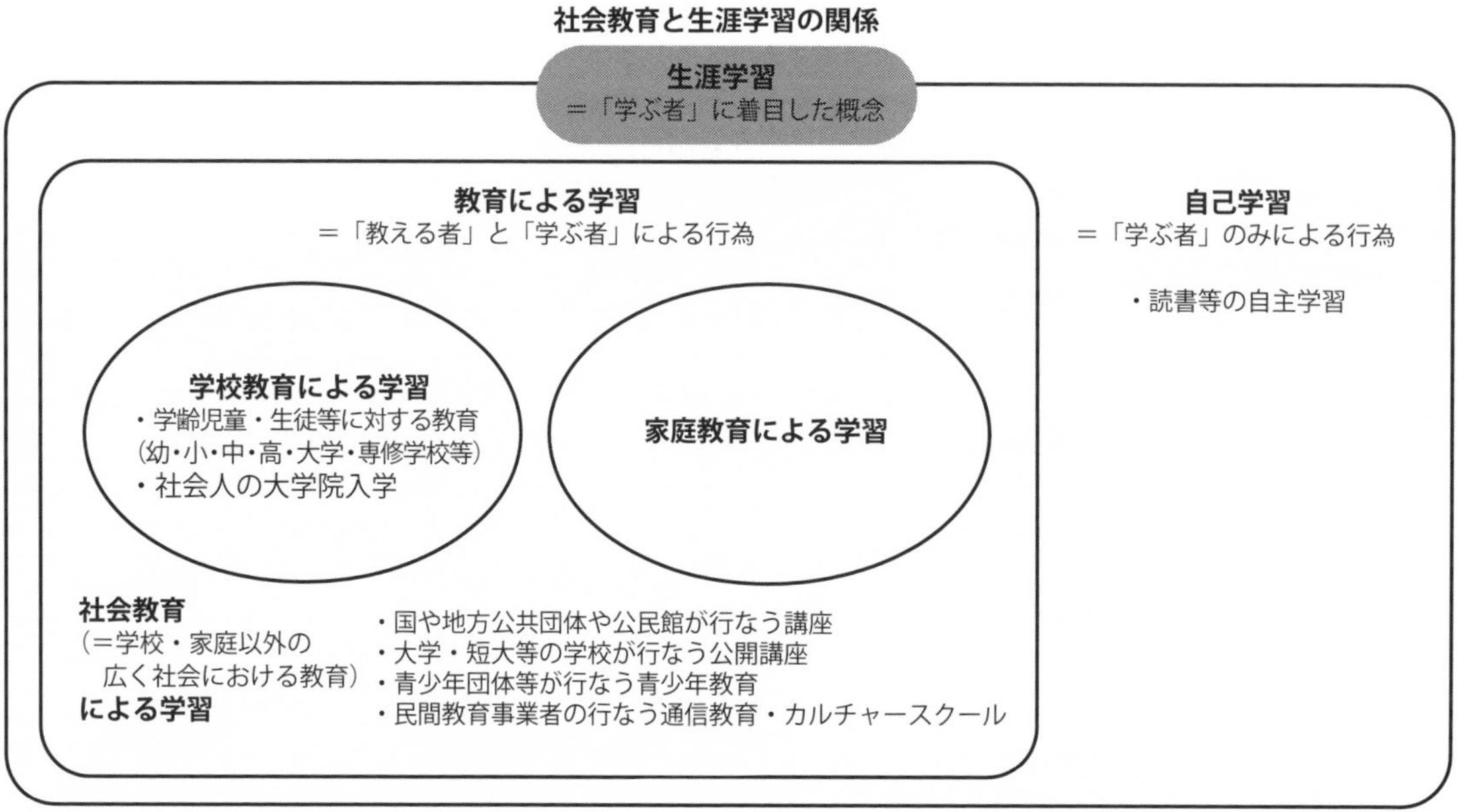
社会教育と生涯学習の関係
生涯学習
＝「学ぶ者」に着目した概念
教育による学習
＝「教える者」と「学ぶ者」による行為
学校教育による学習
・学齢児童・生徒等に対する教育
(幼・小・中・高・大学・専修学校等)
・社会人の大学院入学
家庭教育による学習
社会教育
(＝学校・家庭以外の
広く社会における教育)
による学習
・国や地方公共団体や公民館が行なう講座
・大学・短大等の学校が行なう公開講座
・青少年団体等が行なう青少年教育
・民間教育事業者の行なう通信教育・カルチャースクール
自己学習
＝「学ぶ者」のみによる行為
・読書等の自主学習

図2　社会教育と生涯学習の関係（中教審第58回生涯学習分科会「グループ討論（グループ1）基礎データ集」平成23年9月8日）

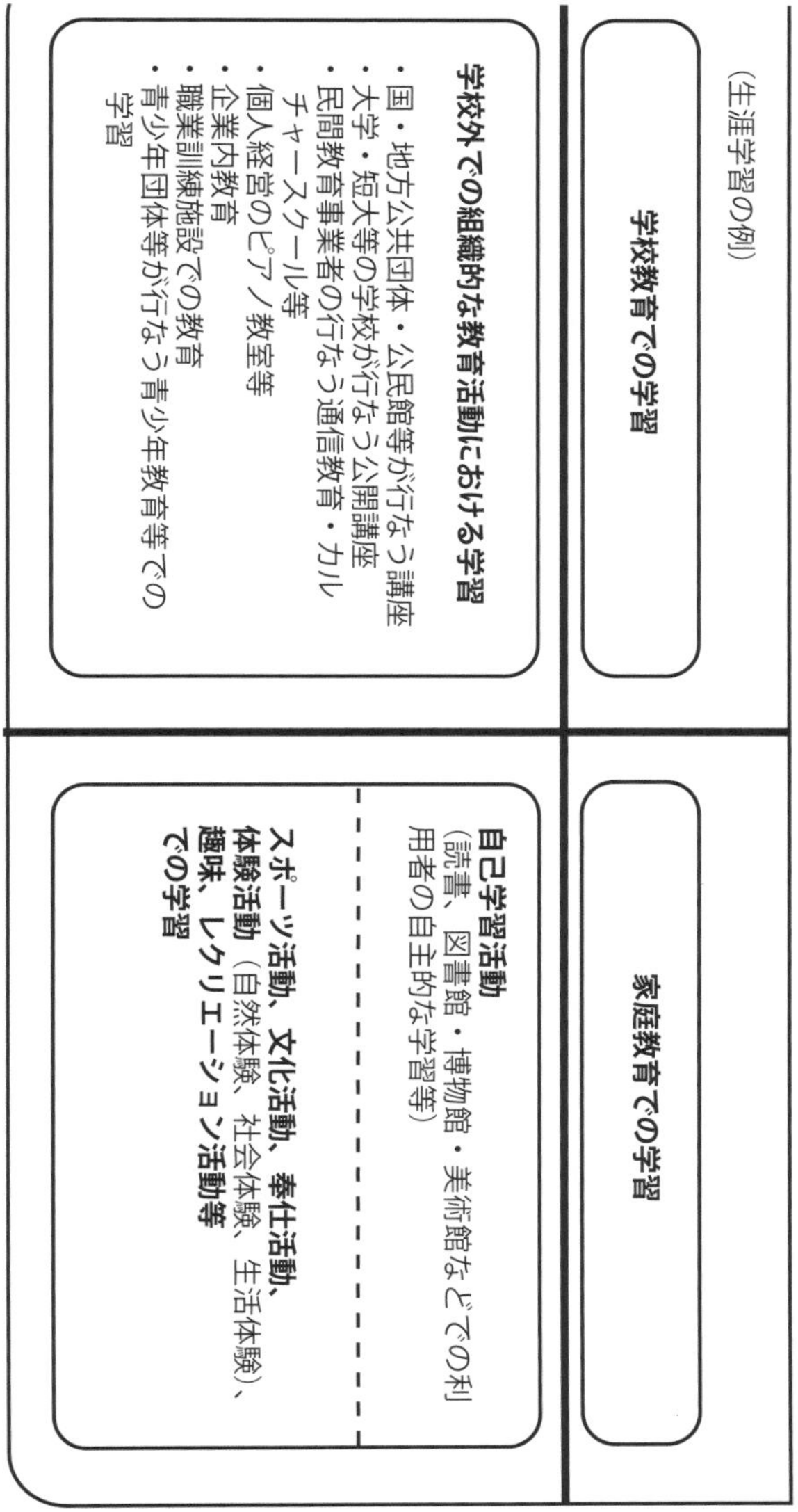
生涯学習（イメージ図）
（生涯学習の例）
学校教育での学習
家庭教育での学習
学校外での組織的な教育活動における学習
・国・地方公共団体・公民館等が行なう講座
・大学・短大等の学校が行なう公開講座
・民間教育事業者の行なう通信教育・カルチャースクール等
・個人経営のピアノ教室等
・企業内教育
・職業訓練施設での教育
・青少年団体等が行なう青少年教育等での学習
自己学習活動
（読書、図書館・博物館・美術館などでの利用者の自主的な学習等）
スポーツ活動、文化活動、奉仕活動、
体験活動（自然体験、社会体験、生活体験）、
趣味、レクリエーション活動等での学習

図３「生涯学習（イメージ図）」（中央教育審議会生涯学習分科会、第27回、平成15年12月８日開催）配布資料１の一部。なお、太線は引用者が付け加えたものである。

3　いま必要とされる生涯学習の役割は何か
「自己充足（自己実現）・人づくり型」から「社会貢献（社会参加）・地域づくり型」へ

生涯学習の4つの領域について論じてきたが、次に、生涯学習をその「目的」によって大別してみよう。生涯学習は、次の2つに大別される。すなわち、①「自己充足（自己実現）・人づくり型」と、②「社会貢献（社会参加）・地域づくり型生涯学習」、がこれである。

いずれも重要であるが、今後伸びることが期待されているのは後者である。第6期中央教育審議会生涯学習分科会はその『議論の整理』（平成25年1月）の中で、「生涯学習振興行政」（次ページの図参照）を示し、生涯学習振興行政が現代的な社会的課題への取組みを進める必要性を主張し、「まちづくり」（社会資本の形成）、「高齢者」（超高齢化への対応）、「男女共同参画」（女性の活躍促進）、「青少年」（若者支援・健全育成）などの課題に、大学、NPO、NGO、企業、民間教育業者と連携・協働しながら対応すべきであると論じている。その上で、生涯学習は、従来の「個人の自立」（人づくり）をめざすものだけではなく、「絆づくり・地域づくり」（社会資本の形成）に向けた体制づくりをめざすべきであると主張しているのである。

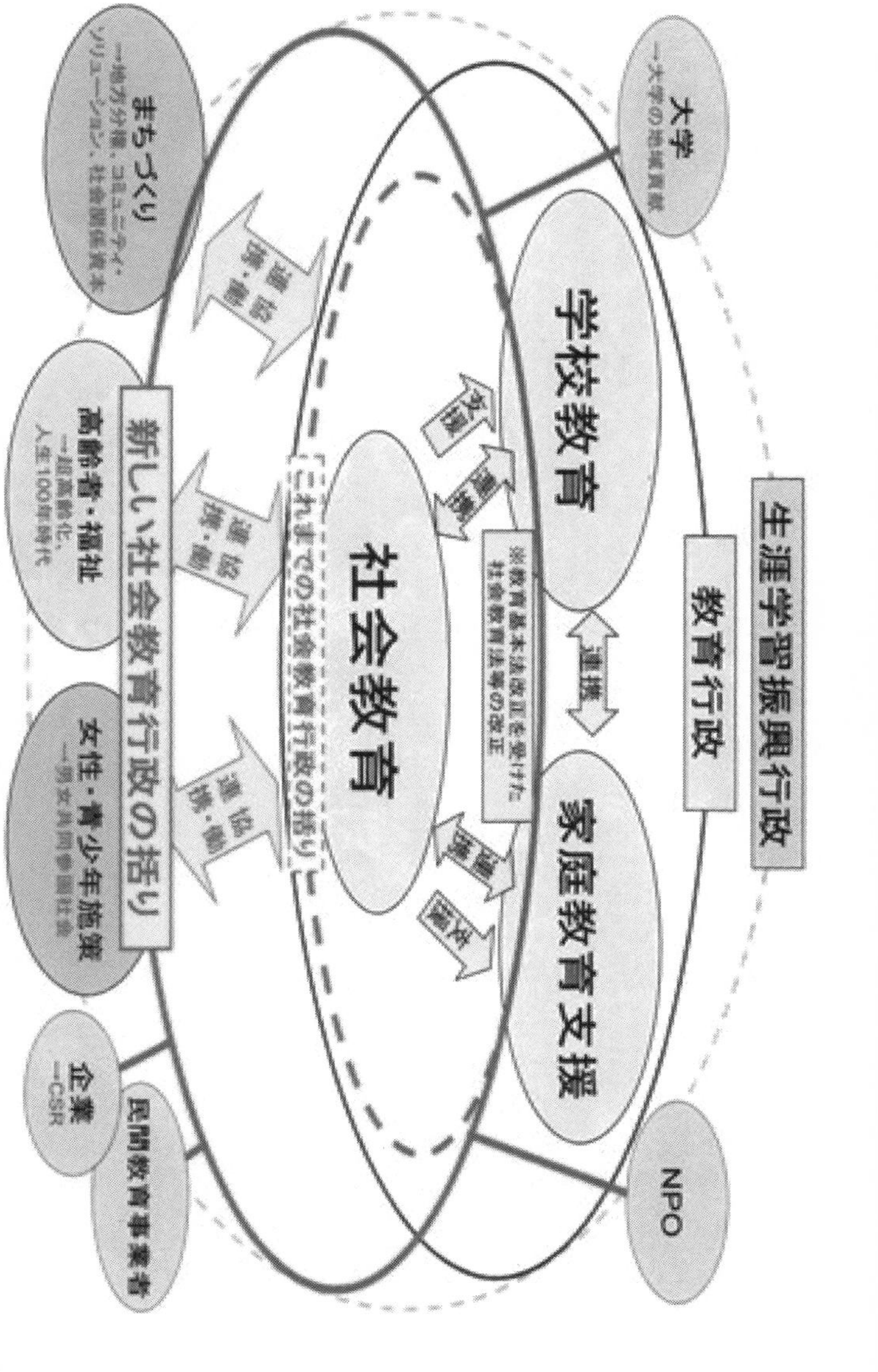

図４　生涯学習振興政策（第６期中教審生涯学習分科会『議論の整理』、平成25年１月）

生涯学習のうち、後者、すなわち、「地域づくり型生涯学習」は、最近、「地域学習」(community learning)と呼ばれることが多くなっており、われわれもこの用語を使うことにしたい。「地域学習」とは、佐藤一子氏の定義によれば、「住民グループや地域自治組織、行政・公共機関、各段階の学校・社会教育機関、NPO・NGO・協同組合などの非営利経済・社会セクター、民間企業あるいはその社会貢献活動部門など多様な主体が、単独で、または相互に連携・協働して地域再生・課題解決の方途を探り、〈維持可能な地域〉を追求する学び」である。地域力向上に向けての課題解決的な学習であり、居住地域の住民が主体となり、地域でともに学び、フィールドで体験し、考え、次世代・後継者を支援したり、他地域(海外を含む)と交流したりするなど、参加・交流活動を伴う学びである(佐藤一子編著『地域学習の創造―地域再生への学びを拓く』(東京大学出版会、2015年[12])。

4　地域学習振興には何が必要か?

中教審生涯学習分科会「学習成果活用部会」(平成27年4月~)は、その「中間まとめ」において、「より意図的に、学習者を地域活動への参加へと誘う仕組みづくり」(われわれの用語でいえば、地域学習の振興）のためには、以下の５つの点が重要であると主張している。すなわち、①学習機会提供者は地域の課題や社会的ニーズに対応した学習機会の充実をはかること、②学習者は成果活用を考えた学習活動をすること、③学習機会提供者、学習者双方が、地域の課題に関する情報を共有すること、④学習機会が多様な主体・コーディネーター～社会教育施設、大学、首長部局、ＮＰＯなどの民間団体、民間教育業者など～により提供されていることを念頭において施策を講じること、⑤情報通信技術を活用して、学習者の学習・活動成果の適切な記録・管理・活用の仕組みを構築して、『「学び」と「活動」の橋渡し』を試みることがこれである。

このうち、④の課題は他の課題実現にとっても重要な、中核的な位置を占めるものである。地域づくりの担い手を育む教育・学習・文化活動が多様な人と組織を通じて創出されつつあり、社会教育、学校と地域の連帯、環境教育、ＮＰＯ・住民団体、自治体による地域づくり・問題解決学習など多様な展開を見せているにもかかわらず、佐藤一子氏が指摘されるように、地域

(12) 本書（佐藤一子編著『地域学習の創造─地域再生への学びを拓く』）は、書評者の松田武雄氏が的確に指摘されているように、「社会教育の概念を拡張して、現代日本の地域再生・発展にかかわる学習を担うすべてのアクターを包摂して、それらをつないでいく、あるいはそれらがつながっていく学習の総体を構想している」点が評価に値する（『教育学研究』第82巻 第４号（日本教育学会、２０１５年12月、96─97ページ）。

学習に関わる多くの「異なる主体・コーディネーター間の相互理解に基づく横断的な認識」が形成されていない。これこそが、地域学習振興の前に横たわる最大の障害であり、この障害を克服し、「横のつながり」を形成・強化することこそが、地域学習振興の最重要課題である。もし横のつながりが形成されれば、コーディネーター間の情報の交換・共有、経験交流が可能になり、その結果、市民に対する「地域の課題」・「社会的ニーズ」関連情報の提供や、「学習機会」・「成果活用」情報の提供、仲介活動、支援活動が飛躍的に活発化することが期待できるからである。

5 「地域学習都市さやま」を創造するには何が必要か？

(1) 市政部局間の連携

ここでは、地域学習都市を創造するには何が必要かについて、埼玉県狭山市を事例に取り上げて検討してみることにしよう。上述のごとく、地域学習の振興のためには、それに関わる主体・コーディネーター間の「相互理解に基づく横断的な認識」を形成しなければならない。

そこで、第一に、市政の部局間の連携を一層、進める必要がある。東京市町村自治調査会『生涯学習と市民活動の連携に関する調査研究報告書』（２００８年）[13]がいうように、「地域コミュニティ施策、市民参加、男女共同参画、福祉、環境問題など、市民が学びを地域活動に活かすという面からみれば、生涯学習担当部局以外にも、自治体組織には多様な窓口及び人材が備わっている。これらが適切に連携することで、より効果的な施策の展開が期待できる」からである。

狭山市の場合、何よりも重要なのは、生涯学習を担当している「社会教育課」（教育委員会生涯学習部）と市民活動を担当している「協働自治推進課」（首長部局市民部）とが連携をより密接にして、一般市民にもそれがはっきりと見えるようにすることである。

さらに、生涯学習と市民活動を推進する拠点（「生涯学習センター」、「市民活動支援センター」）をつくり、生涯学習・市民活動関連の情報を整理、一元化し、アクセスしやすいものにする必要がある。後述するように、ネット上に「生涯学習・市民活動情報システム」を立ち上げている調布市や、図書館分館に図書館機能に合わせて生涯学習支援機能、市民活動支援機能、青少年活動支援機能をもたせている「武蔵野プレイス（武蔵野市立　ひと・まち・情報　創造館武蔵野プレイス」）などの先行事例を検討して対応すべきであろう。ちなみに、後者の年間の

（13）財団法人東京市町村自治調査会『生涯学習と市民活動の連携に関する調査報告書』財団法人東京市町村自治調査会、２００８年３月、10ページ。http://www.tama-100.or.jp/cmsfiles/contents/0000000/170/shougaigakushu.pdf

来館者数は平成28年度には195万人を超えている。[14] なお、武蔵野プレイスをモデルとした「次世代型ライブラリー」を中央公民館跡地につくるアイデアは、狭山商工会議所会頭の清水武信氏によって、すでに提案されている。[15] 市民はそのことを知り、その実現のために力を結集すべきときである。

(2) コーディネーター連絡会の構築

次に必要なのは、地域学習に関連する多様な主体・コーディネーター間のネットワークをつくり、「横のつながり」による相乗効果を発揮できる環境をつくりあげることである。そのために何から始めるべきか。それを示唆してくれるのが東京都調布市の「コーディネーター連絡会」（および、「コーディネーター・ネットワーク」・「コーディネーターのコーディネーター」のアイディア）である（調布市生涯学習推進協議会『「調布市生涯学習振興プラン」推進のための方策について（提言）』、平成26年9月）[16]。

調布市のコーディネーター連絡会は「市民が生涯学習や市民活動を通じて習得した成果をまちづくりにいかすためには、コーディネーターの役割が重要であるとして、市民の幅広い学習・活動要望に応じるため、市内のコーディネート機関及び個人のコーディネート情報の共有化と連携を深め、コーディネーターの活用を促進するために組織」されたものであり、「生涯学習交流推進課、協働推進課、社会福祉協議会、市民活動センター、教育支援コーディネーター室、ＮＰＯ法人ちょうふどっとこむ、調布わいわいサロン」で構成されている。同提言によると、調布市の場合にも、コーディネーター連絡会は存在するものの、十分に機能しているとは言い難い状況にあるとはいうものの、この連絡会を活性化し、より裾野の広い「コーディネーター・ネットワーク」を形成できれば、「多様なコーディネーターが分野を超えたネットワークを形成し、経験交流や情報交換を行ないながら協力することによって、コーディネート活動の内容と裾野はさらに拡大し、市民の誰もが自分に相応しい学習の場や活動の場を見いだせることになる」。

狭山市にも、まず、「コーディネーター連絡会」を立ち上げることを提案したい。構成メンバーとしての粗い試案・私案を提示することが許されるなら、社会教育課、協働自治推進課、市民

（14）来館者数（平成28年度）は、１９５万３７５９人／年（『平成28年度　武蔵野プレイス年報』）
http://www.musashino.or.jp/place.html

（15）さやま市民大学編『語り継ぎたい狭山の魅力：さやま市民大学・狭山地域ふるさと学講座１』ＮＰＯ法人さやま協働ネット、２０１５年12月、15—16ページ。

（16）調布市生涯学習推進協議会『「調布市生涯学習振興プラン」推進のための方策について（提言）』平成26年９月）
https://www.city.chofu.tokyo.jp/www/contents/1412918611752/files/hyoushi.pdf

大学地域連携推進室、協働ネット、さやま生涯学習をすすめる市民の会、狭山市自治会連合会、社会福祉協議会、狭山市学校支援ボランティアセンター（SSVC）、狭山ふるさと会などがこれに相当するものと考えられる。ネットワークを構成するそれぞれの組織は確かなリーダーシップのもとに適切に運営されていなければならないことはいうまでもない。コーディネーター連絡会は定期的に（なるべく多くの頻度で）会合を開催して情報交換し、その議事録（配布資料を含む）をネット上に公開するとともに、地域学習関連のコーディネーター情報を分野別・目的別に整理し、一覧性のある形で発信することが望まれる。連絡会を核にして、さらには、より多様なコーディネーターが分野を超えてネットワークを形成する「コーディネーター・ネットワーク」が構築されることが期待される。このネットワークは、一般市民に「学びの場」と「活動の場」を一層よく明示することができ、地域学習を活発化させ、多くの市民の「地域との出会い」、「地域デビュー」を促すことに大いに貢献すると考えられる。コーディネーターのネットワークが拡大すれば、「コーディネーターのコーディネーター」が必要となるため、その専門力量形成のシステムづくりが事前に必要になるであろう。

6　われわれの提案と中教審の答申（中教審193号、平成28年5月30日）：比較

中央教育審議会生涯学習分科会「学習成果活用部会」はその「中間まとめ」（平成27年８月20日）を発表し、それを土台とした答申、「個人の能力と可能性を開花させ、全員参加による課題解決社会を実現させるための教育の多様化と質保証の在り方について（答申）」（中教審第１９３号）が平成28年5月30日の中教審第１０７回総会において取りまとめられた[17]。その答申の第二部「生涯学習による可能性の拡大、自己実現及び社会貢献・地域課題解決に向けた環境整備について」のなかで、課題解決の方策として、次の２つの仕組みの構築が提案されている。「人材認証制度」と「ＩＣＴ（情報通信技術）を活用した生涯学習プラットフォーム（仮称）」がこれである。

第一の「人材認証制度」は、「一定の学習や活動を経た人材の能力、経験等を第三者が客観的に認証等を行う仕組み」である。学習機会提供者や検定試験実施団体等の協力を得て、情報通信技術を活用した学習・活動成果の適切な記録・管理・活用の仕組みを構築しようとするものである。個々人の多様な学習・活動履歴を体系化し、地域が必要とする人材の可視化や、地

(17) http://www.mext.go.jp/b_menu/shingi/chukyo/chukyo2/010/houkoku/1...

域の課題と学習需要のマッチングに寄与しようとするものである。

第二のＩＣＴ（情報通信技術）を活用した「生涯学習プラットフォーム（仮称）」は、従来は「対面による交流」によって行なわれてきた情報提供、効果的なマッチング、学習者同士のネットワークや交流の場の設定に加えて、今日のＩＣＴの進展を踏まえて、これらの取組への支援を充実するために、ＩＣＴを活用したさまざまな技術やシステムを応用したプラットフォームを構築しようとするものである。これには、次の３つの機能が期待されている。すなわち、①「学習機会の提供機能」、②「学習・活動履歴の記録・証明機能」、③「学習者等のネットワーク化機能」である。

第一の「学習機会の提供機能」は、学習機会をネット上で一覧的に提供するとともに、地域課題、地域活動に関する情報、人材認証制度の情報等を関係者間で共有することをめざすものであるが、その実現のためには、「大学、地方自治体、民間教育業者等が主体的にプラットフォームに参画し、相互の連絡が推進されなければならない」としている。これはわれわれの提案する「コーディネーター連絡会」や「コーディネーター・ネットワーク」にほぼ相当するものであるといえる。

第二の「学習・活動履歴の記録・証明機能」は、学習者の希望がある場合、情報セキュリティに配慮したうえで、学習・活動履歴を客観的に記録・管理する機能であり、学習・活動履歴を体系化し、地域課題と学習需要のマッチングを促すことがめざされている。

第三の「学習者等のネットワーク化機能」は学習者同士をネットワーク化するとともに、地域の人材を求めている地方公共団体やＮＰＯに資する学習者等のネットワーク形成もめざすものである。これによって「地域・空間・世代を超えた学習コミュニティ」の形成などが期待されている。

これら3つの機能を備えた「生涯学習プラットフォーム（仮称）」は、生涯学習の2つの側面、すなわち、①地域課題や地域活動を提示することによって、一人ひとりの学習を促進するという面と、②個々人がその関心や意欲に基づいて学習した成果を地域課題の解決に還元するという側面を橋渡しするものだ、と同答申は主張している。

以上見てきたように、「地域学習」推進というわれわれの提案は、「『学び』と『活動』の循環」をめざすという点で、中教審の答申と共通している。同部会が解決策として提示している2つの仕組み――「人材認証制度」と「生涯学習プラットフォーム（仮称）」は、試論的段階にあり、その実現は容易ではないと推察されるが、今後はこの方向に向けた動きが加速化していき、全国の地方自治体もそれへの対応を迫られることになるものと予想される。その対応のためにも、われわれの提案している「コーディネーター連絡会」を一日も早く立ち上げ、「コーディネーター・ネットワーク」を構築する方向へと一歩踏み出す必要があると思われる。

7　今、すぐにでも市民にできることは何か？

これには、2つの方法がある。一つは「ネット上の出会い」の場をつくること、もう一つは「face-to-face の出会い」を促進する場をつくることである。

まず、第一に、上記の「コーディネーター連絡会」などの仕組みづくりなしで、すぐにでも、市民に「学習の場」と「活動の場」をもっとわかりやすく、かつ、一覧できる形で知らせる方法をつくり出すことを考えてみよう。そのためには、「狭山市公式ウェブサイト」と「さやまルシェ」(フューチャーリンクネットワークが委託業務を行なっている官民協働地域サポートサイト)のウェブサイト作成者に、一般市民がもっと簡単に「地域学習情報」(生涯学習・市民活動情報)にアクセスする方法をつくり出すように強く要請することが必要である。

自治体の公式ウェブサイトのトップページから、非常に簡単に「生涯学習・市民活動情報システム」に入れる仕組みづくりに成功している自治体がある。これも東京都調布市である。調

布市の場合、トップページ上部の「トップメニュー」の一つである「観光・文化・スポーツ」にマウスを合わせるだけで（クリックすることなく）、「生涯学習・市民活動情報検索システム」に簡単に入れるようになっている。すなわち、「観光・文化・スポーツ」にマウスを合わせると「映画のまち調布」、「観光」、「歴史・文化財」など８つの選択肢の一つとして「生涯学習」がポップアップする仕組みになっている。そこをクリックすれば、生涯学習のページに入れ、そこから簡単に「さがす見つかるシステム（生涯学習・市民活動情報システム）」に入ることができる。

他方、狭山市の現状はどうか。市ウェッブサイトのトップページ上部にあるトップメニューの一つ「学ぶ・楽しむ」をクリックすると、最上部に４つのバナーが小さく掲載されているページに入る。４つのバナーのうち、博物館、図書館は何とか判読できるが、一番分かり難いのが「さやまなびぃネット」（狭山市生涯学習情報検索システム）であり、このバナーが何であるかがわかるのは関係者だけであろう。第一に、小さすぎて判読できない。第二に、「さやまなびぃネット」と判読できてもそれが何であるかわかる市民は極めて少ない。

「まなびぃ」というのは文科省の依頼を受けて石ノ森章太郎氏が作成した生涯学習マスコットであり、「さやまなびぃ」とは「さやま」と「まなびぃ」を合成した狭山市生涯学習のロゴ

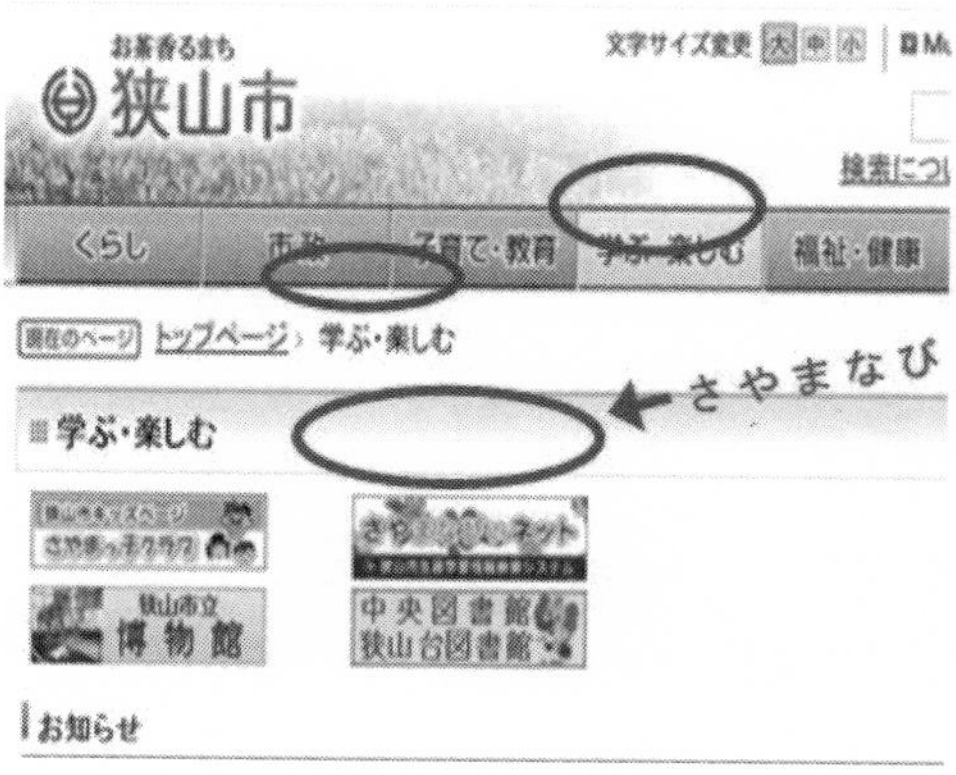

であるが、はたしてどれだけの市民が事前にこのことを知っているであろうか。誰にでも見える大きさの文字で「狭山市生涯学習情報検索システム」と記したほうがはるかに市民にやさしいサービになるだろう。このページから「生涯学習」だけではなく、「市民活動」情報に入れるように導く仕組みをつくれば、一層、市民にとって使い勝手のいいものになりうる。

実は狭山市にはそれに近い情報の集積がある。上述の「さやまなびぃネット」のバナーをクリックすると、さやまなびぃネット（狭山市生涯学習情報検索システム）のページが現われる。サークル活動情報検索と生涯学習ボランティ

ア講師情報検索だけしか目立たないのが残念だが、実は左側の「サイドメニュー」に市民活動関連の情報が集積されている。サークル（１１７団体）、市民活動（21団体）、コミュニティ（２４６）、さやま市民大学、狭山市民会議、狭山団体検索（さやまふれあいネット、さやまなびぃネット、さやま学びの仲間たちの横断検索）等々が準備されている。「さやまルシェ」は２０１１年に狭山市が株式会社フューチャーリンクネットワークと契約してオープンした官民協働地域ポータルサイトであるが、同社は多くの自治体と契約し、同じスタイルのポータルサイトを開設している。このポータルサイトのトップページ上部にあるトップメニューのうち、「つながる」をクリックすると市民活動関連（生涯学習情報も一部含む）情報にアクセスできるページが開く。このことを市ウェブサイトのトップページ（もしくはできる限りそれに近い下のページ）に記載すれば、差し当たりの解決策にはなりうるであろう。将来的には「地域学習」（生涯学習・市民活動）情報検索システムが関係者の念入りな打ち合わ

せを経て構築されることが望まれる。なお、ネットを利用しない市民に対しては、冊子体のものを準備し、市内の多くの場所で閲覧可能にするか、もしくは、コミュニティ・カフェなどでネットを代行検索するなどして対応する必要があるであろう。

もう一つは、「face-to-face の出会い」を促進する場をつくることである。これには2つの方法がある。一つは生涯学習支援機能と市民活動支援機能とを併せもった「次世代型ライブラリー」を建設することを市民が力を結集して行政に要求することであり、もう一つは空部屋、空スペース等を利用した小規模の民間図書館を市民自身の力でつくることである。

前者のモデルになりうるのは、「武蔵野プレイス」（正式名称「武蔵野市立ひと・もの・情報創造館・武蔵野プレイス」）である。同館は図書館機能、生涯学習支援機能、市民活動支援機能、青少年活動支援機能を併せもったユニークな図書館であり、わが街にも、これをモデルとした「次世代型ライブラリー」を中央公民館跡地等につくるべきである。実現にむけて市民の力を早急に結集すべきである。

武蔵野プレイスは、猪谷千香氏がその著書『つながる図書館―コミュニティの核をめざす試み』（ちくま新書、２０１３年）の冒頭で、『『住みたい』と言われる図書館』として取り上げ、適切、かつ、巧みに紹介している。設計者（河原田康子・比嘉武彦両氏の hw+hg architects）

の目指した「市民の居場所」づくりが成功して、「人が集まる広場のような図書館」になり、来館者は、年間、１６０万人に達している。武蔵野プレイスの長所はリファレンスや選書など図書館としての基本をきちんと守ったうえで、図書館機能、生涯学習支援機能、市民活動支援機能、青少年活動支援機能を併せもち、しかも、４つの機能をバラバラにせず、うまく融合させるのにも成功している点である。赤ん坊から高齢者まで、現役のサラリーマンも含め多くの人びとが集まり、生涯学習や市民活動にも自然な形で触れることのできる、このような「コミュニティの核」をわがまちにもつくりたいものである。

もう一つの空部屋、空スペース等を利用した小規模の民間図書館は市民自らの手でつくり上げることのできるものである。そのモデルになり得るものの一つは「船橋まるごと図書館」プロジェクト（ＮＰＯ法人「情報ステーション」）である。ここでは、空スペースや空部屋などを利用した小さな図書館がつくられている。人口62万人の船橋市内に30の図書館をつくるのが目標で、すでに出来上がったところには、本を媒介にした小さなコミュニティが生まれている。たしかに、幼児から高齢者まで、世代を選ばず、すべての人が集まれる場所は図書館以外にない（上掲、『つながる図書館』）。コミュ・カフェに入ることに躊躇する男性高齢者もここなら、抵抗なく入れるであろう。ここを起点とすれば、従来は伝わりにくかった生涯学習・市民活動関連情報を多くの市民に伝えていくことが可能になるであろう。このような施設やネット情報の整備などがなくても、単なる口コミで生涯学習・市民活動情報が市民の間に広がるなどという無責任な楽観主義から、一日も早く脱却すべきであろう。

第２章

仲間と学び、その成果を地域づくりに活かす

面白セカンドライフの実践

――定年後の生活の三大要素「地域活動」、「自己研鑽」、「健康」――

藤村勝典

はじめに

定年退職後に何か新しいことをやりたいと思い、いろいろ考えていました。考えてばかりでは何も得られないことに気づき、行動すべきという結論に達しました。そこでまず地域デビューの講座を受講しました。

受講したその講座の講師と年齢が近いこともあって意気投合し、八王子市で一緒にやろうと誘われました。初めは躊躇しましたが、こんな自分を誘ってくれるならやってみようと地域活動の第一歩を踏み出しました。そして八王子市での講座受講や活動を通じて横浜の人と知り合うことができ、これがきっかけで地元、横浜市での地域活動が始まりました。横浜市での活動については、次の「地域活動」の章で述べます。

さらに、前述した地域デビュー講座の中で、自分のやりたいことの棚卸を行ない、優先順位をつけました。優先順位のトップは「戦後史」でした。なぜ、「戦後史」になったかは「自己研鑽」の章で述べます。

そして、定年直後は自宅で〝ごろごろ〟して自由気ままな生活を満喫していました。当然、運動量は激減していますから、定期健康診断のメタボリックシンドローム判定が〝予備群〟になってしまいました。このままでは人生の楽しみであるセカンドライフが台無しになる。しかし、今までの経験から運動を継続することが難しかった。で、どのように克服したかは「健康」の章で述べます。

今までに行なってきたことを振り返ってみて、セカンドライフに対する考え方を述べたいと思います。定年後に手に入れた貴重な時間の使い方は、地域活動に3分の1、自己研鑽や趣味など自分のために3分の1、そして活動の基礎となる健康づくりに3分の1を使う。このバランスを保つことが経験的に重要だと考えます。これから述べる体験談を通して、これから定年退職し、セカンドライフに入られる方に、少しでもお役に立てれば幸いです。

1 「地域活動」～他流試合が面白い～

先に述べた地域デビュー講座の講師に誘われて、八王子市でまず地域デビューの実践の「第一歩」を踏み出しました。定年前は音響関係の仕事だったので、講座設営時の音響装置のセッティングにその知識と経験が活かされました。パソコンもある程度、使うことのできるスキルがあったのでチラシ作成に役立ちました。そうこうしているうちに、別の講座で地元の横浜市緑区の人と一緒になりました。私もいずれ地元でも活動したいと思っていましたので、その人に「横浜市緑区でも活動したい」とお話ししたところ、ある人を紹介していただきました。紹介いただいた人に会っていろいろ話しているうちに、「一緒にやってみない？」と、入会の勧誘がありました。「ものは試し、やってみて面白くなかったら辞めちゃお」と、軽い気持ちで地元の市民活動団体に入会し、地元での地域活動が始まりました。メンバーからはとても親切にしていただきました。もしメンバーが排他的で嫌な思いをしたら、二度と地域活動はしなかったと思います。「最初の一歩」の重要さを痛感しました。

地元での地域活動でも、我流で培ったパソコンのスキルが、チラシをはじめプレゼンテーショ

写真１ 緑区市民活動支援センター（愛称：みどりーむ）

ンの原稿作成に大いに役立ちました。地元での地域活動も一段落したころ、メンバーの一人から「横浜市緑区で市民活動をいろいろ行なっているので見学してみないか？」と声をかけていただきました。軽い気持ちで見学をしていると、講座募集チラシの作成で困っているようなので、ちょっとお手伝いをしました。それが緑で横浜市緑区全体での地域活動に広がっていきました。緑区の地域活動では主に講座の企画・運営を担当しています。

　ここで緑区について簡単に紹介します。横浜市は18区あり、人口は約３７３万人で東京に次いで全国で2番目です。その中で緑区は人口約18万人で、18区中、第12位です。特徴的なのが、その名のとおり緑が多く、緑披率は約41％で市内第1位です。換言すれば〝田舎〟。畑、田圃、果樹園や公園があり、これが「港町、横浜か」と疑うくらい自然豊かなところです。

　前置きはこれくらいにして、本題に入ります。「横浜市緑区市民活動支援センター」が地域活動の拠点です（写真1参照）。この名称が長く、また堅苦しく、市民に馴染みにくい。そこで愛称を公募し「みどりーむ」に決定しました。緑区の「みどり」と「ドリーム」の合成語で「夢ある緑区」を意味しています（以下、横浜市緑区市民活動支援センターを「みどりーむ」と称す）。

経過は、平成16年8月に「市民活動支援センター検討会」が発足しました。その後、「緑区市民活動センターを考える会」に名称変更され、その後も市民が中心となって検討してきました。平成16年9月から平成17年10月までに29回もの検討会を行ない、その結果を区長へ提言し採択され、平成18年3月に開所し現在に至ります。平成28年3月に10周年を迎えました。

運営は市民で構成される運営委員会が主体となって事業の企画から運営までしており、これが横浜市18区の中でも大きな特徴を有する活動となっています。一般的には行政主導か指定管理者に委託になっていると思います。

行政には資金面の支援、場所などのインフラの提供、「みどりーむ」の日常の管理など絶大な支援をいただいております。われわれ市民からみると、行政との距離がとても近く感じられる。まさに市民と行政が一体となっての活動が展開されています。その活動について説明します。

まず、運営体制は図1のようになっています。特徴的なのが区役所の組織です。地域活動に深く関わっているのが地域振興課で、その業務は以下の6つに分けられます。

①生涯学習支援（地域スポーツ・文化振興、青少年健全育成、放課後児童クラブ）

②地域力推進（まちづくり、地域課題、チャレンジ提案）

平成27年から市民と協働で地域づくり大学（みどり・ひと・まちスクール）企画・運営

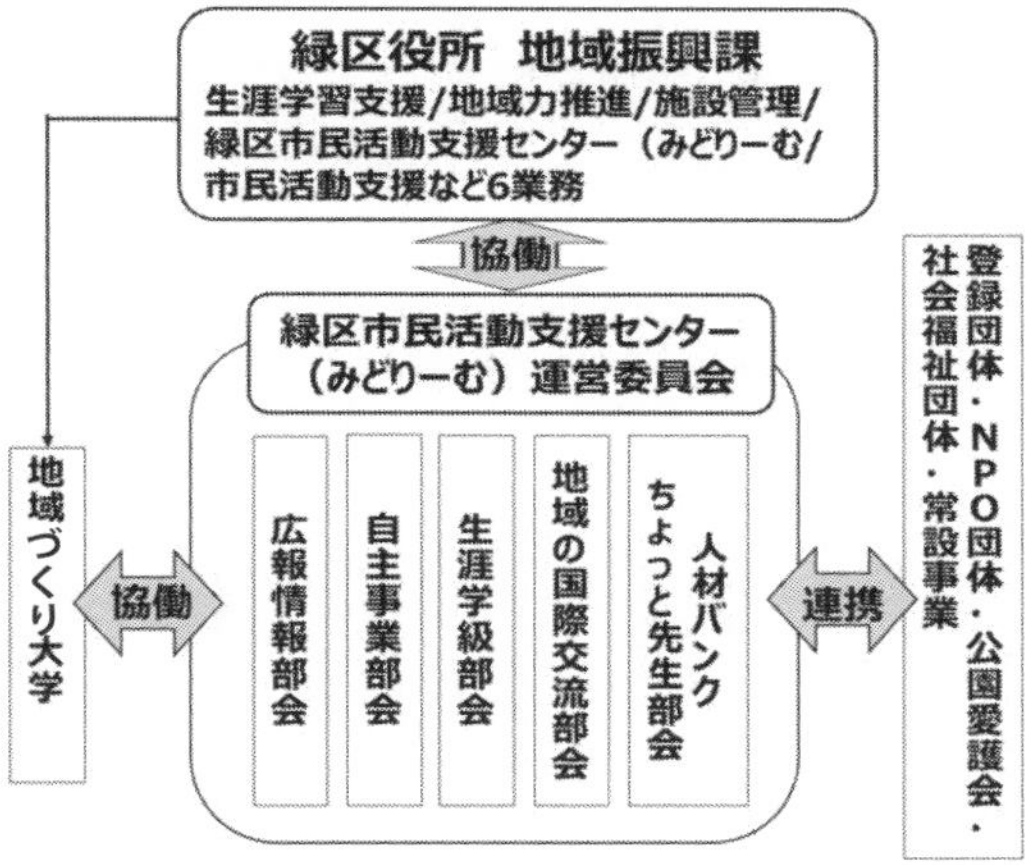

図１ 緑区市民活動支援センター（愛称：みどりーむ）の運営体制

③区民施設（地区センター、地域ケアプラザ等の管理）

④緑区市民活動支援センター：「みどりーむ」（学習相談、会議室などの提供、学習機材・印刷機の貸し出し）

⑤地域活動（自治会等市民組織の連携と振興）

⑥資源化推進（ごみゼロ推進、ごみの減量化・リサイクルの推進、環境美化）

このように、生涯学習、まちづくり、施設管理、学校との連携、自治会との連携、ごみなどの環境美化まで、日常的な地域活動に密着した業務が一つの課で完結できます。これは他にない大きな特徴になっていると思います。

前述の６つの業務のうち、われわれ市民が活動する「みどりーむ」の活動内容について説明します。

「みどりーむ」の運営は運営委員会が行なっていることは先に述べました。運営委員の構成は自治会、まちづくり、福祉等の市民活動団体と公募と、後から述べる各部会の部会長で総勢18名（令和２年）です。正に市民が中心の活動といえます。次にその運営委員会の体制を図２に示します。

体制的には５部会とその傘下に16の委員会があります。登録団体は１２３団体、人材バンク登録数は50名になります。

各部会の役割は以下のようになります。
●運営委員会：みどりーむの運営、方針や全般に関わる事項の検討、年間事業計画の承認

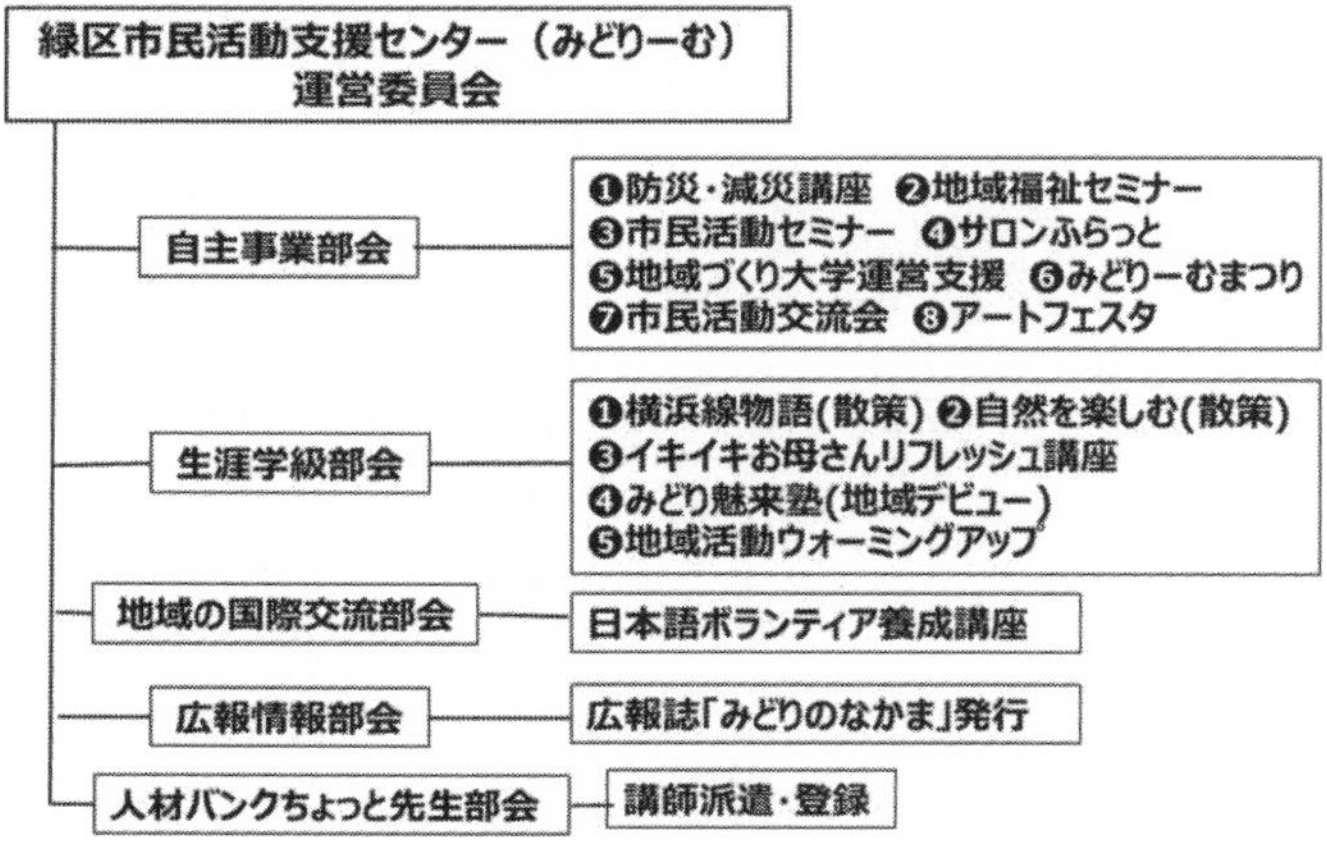

図２ 運営委員会の体制

を行なう

●自主事業部会：協働、市民活動に関する講座の企画運営や交流会を開催する

●生涯学級部会：生涯学級活動の年間計画立案と運営を行なう

●人材バンクちょっと先生部会：ちょっと先生の活動紹介や講座を開催する

●地域の国際交流部会：日本語教室や日本語ボランティア講座の運営を行なう

●広報情報部会：広報誌「みどりのなかま」の発行と情報の収集整理提供を行なう

一般的に市民活動において悩みの種が講座等を行なう「場所」です。「みどりーむ」の運営委員会で承認された講座や行事に使う「場所」は優先的に使用できます。これも大きな特徴です。これは市民活動をする上では大助かりです。以上、特徴を整理すると、

●学習支援や施設、自治会など日常の市民活動に不可欠な業務が一つの行政の課で完結する

●市民活動の運営委員は全員が市民

●「場所」を優先的に提供してもらえる

●機材（プロジェクター等）も優先的に提供してもらえる

次に八王子と横浜での地域活動を通じて感じたことを述べます。八王子市では普通のことでも横浜市では新鮮に映ることがあります。またその逆もあります。「へ〜っ！　八王子市では

4年間追跡調査

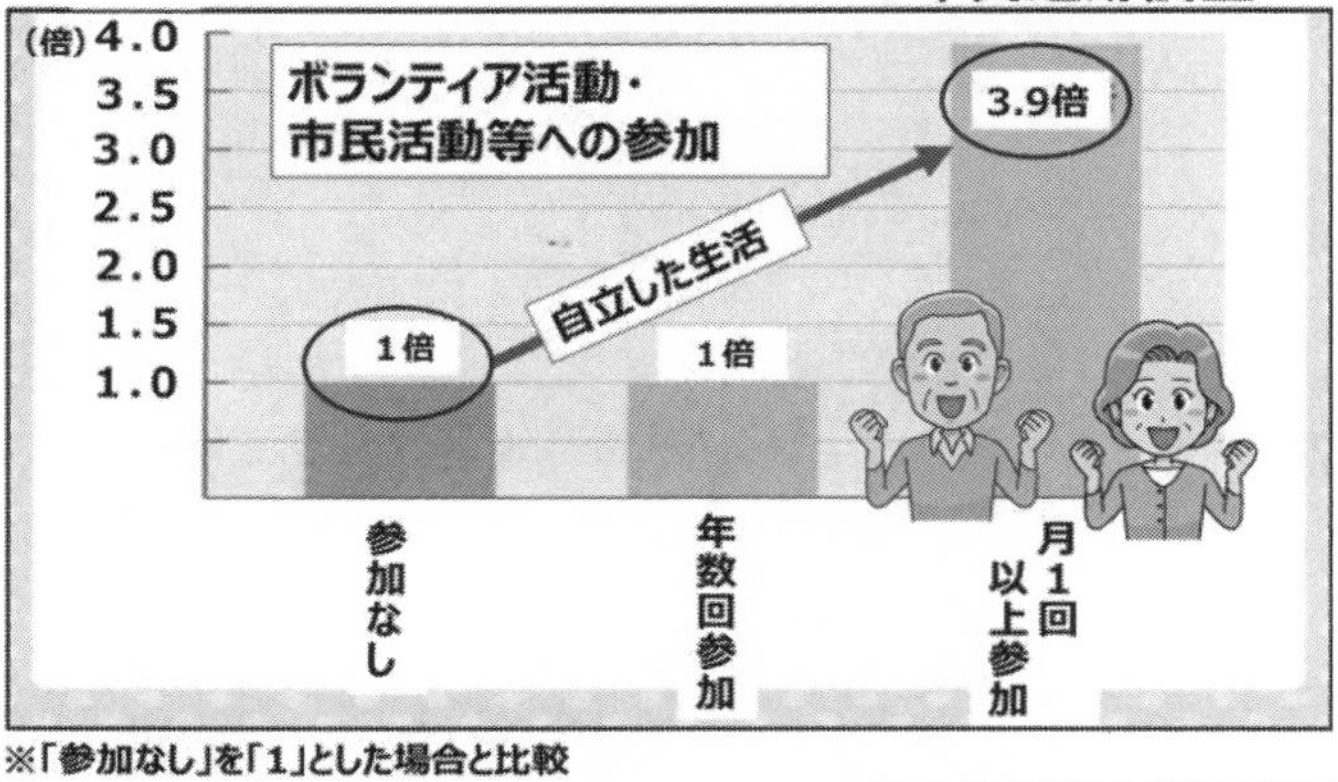

※「参加なし」を「1」とした場合と比較

図3 地域活動と健康の関係

出典：東京都健康長寿医療センター研究所　高齢者の社会活動等への参加による４年後の生活機能維持に関する調査（首都圏 A）（2008-2012）

このような講座があるのか！」。是非、横浜市でも同様の講座を開講したい。逆に横浜市の講座を八王子市で開講したこともあります。講座の相互乗り入れといえます。人口18万人の横浜市緑区と、人口58万人の八王子市では、人口の差以外に土地柄や企画から運営についてもやり方が違います。1つの地域での活動もよいけれど、2つの地域での活動、いわゆる他流試合は刺激的で面白いと感じています。

そして八王子市と横浜市緑区で共通して感じているのは、何らかの地域活動を行なっている人はとても健康で元気ということです。ウォーキングのリーダーは90歳。そのエネルギッシュなパワーには圧倒されます。

近年、地域活動と健康に関しては統計的に密接な関係があるとの報告が複数あります。その中の一例を紹介します。月１回以上、ボランティアや市民活動、ＮＰＯ活動の参加によって健康で自立した生活、いわゆる健康寿命が延びるといえます（図３参照）。

また、別のデータでは高齢者１４００人を９年間追跡調査した結果、地域活動をしない人に比べ、地域活動をする人の死亡率が半減したとの報告もあります。

２「自己研鑽」～得意分野の専門能力を高める～

冒頭で少し触れましたが、なぜ、定年後にやりたいことのトップが戦後史なのか。答は興味があるからです。というのも、終戦から10年後の昭和30年に中国から引き揚げてきました。なぜでしょう。その疑問を晴らすべく戦後史の調査を開始しました。

調査すると、この10年間は抑留でなく〝留用（りゅうよう）〟と呼び、友人として扱われていました。生命財産が保護され仕事も与えられ、当然給料も支払われた。いわゆる国家公務員扱いでした。当時、中国全土に約３万人いたとの説もあります。そして、わが一家はダム建設と電力インフラ構築のため、中国遼寧省大連市から四川省長寿県へ陸路約３０００キロメートル、汽車と船を乗り継いで赴任いたしました。その後、昭和30年2月に京都府舞鶴市に引き揚げてきました。このような歴史の教科書に記載されていないことを継承すべく、家族史「渇望郷」を自費出版しました（写真2参照。「渇望郷」とは、「渇望」と「望郷」の合成語で両親の強い望郷の念を表わしました）。

自費出版には足掛け2年を要しました。この執筆期間中は両親の残してくれた中国での写真や書籍などの電子化と整理、文献調査など寝食を忘れるくらい没頭しました。執筆を通して、ワードのスキルはかなり向上しました。

写真２ 自費出版の「渇望郷」

今になってよくよく考えると、もっと前の時期に動機づけされていたように思います。１９８７年に両親が健在なときに中国遼寧省大連を再訪問しました。両親はかなりテンションが上がった様子でしたが、そのとき、私は36歳であまり興味がありませんでした。そして50歳のときの２００１年に関西旅行のついでに舞鶴引揚記念館に行きました。この頃から少し興味が湧いてきたような気がします。そして定年を迎えたときに興味が噴出しました。このころは模型作りにも興味があり、引き揚げ時に乗船した引揚船「興安丸（こうあんまる）」の模型を３カ月くらいかけて作りました。結構、楽しかったのですが、もっと高齢になってからでもできるので、そのときがきたら再度、模型作りにのめり込もうと企んでいます。

話を戻して、資料の整理、とくに両親が命がけで日本に持ち帰った貴重な文献等はこのままでは死蔵になると思い、帰国の第１歩を踏み出した舞鶴引揚記念館に寄贈しました。これが期間限定でしたが特別展示されました。舞鶴引揚記念館の引き揚げに関連する記録「舞鶴への生還」が２０１５年に「世界記憶遺産」に登録されました。この話をすると長くなるのでここまでで止めておきます。

これ以来、戦後史に対する関心度が高まりました。この自費出版が起爆剤となり、同じく歴史でとくに戦中戦後に詳しい人から歴史講座を手伝ってほしいとの依頼があり、何回かお手伝いをしました。この講座では、一般的なプレゼンテーションに加えて、当時のニュースや軍歌、歌謡曲などの音楽を組み入れた新しい試みに挑戦しました。私の役割は当時のアナログ音源をデジタル音源に変換し、シナリオ順に編集し音を流すことでした。この講座は八王子と横浜で開講し、好評でした。お手伝いするうちに「門前の小僧習わぬ経を読む」で、ますます戦後史への関心度が高まり、のめり込んでいきました。「好きこそ物の上手なれ」。好きな戦後史の知識をもっと高めたいと強く思うようになりました。戦後生まれではありますが、戦争の悲惨さを次世代に伝えることが運命なのかもしれない。少し大袈裟かもしれませんが、「戦後75年」を期してそのように考えた次第です。

これまで八王子市と横浜市で講座の企画・運営を行なってきました。講座企画の基本である「6W2H」や、実際の運営においては会場設営やリハーサルで重要である「現場」「現実」「現物」、いわゆる「3現主義」を体得してきました。3現主義は講座の運営にとどまらず、会議や机上評価等では真実をつかみきれない場合があります。この場合のように、物事を正確に知って理解する上で3現主義はとても大事です。それ以外でも、実際の講座企画や運営のノウハウも蓄積でき、今では恥ずかしながら「講座企画・運営」の講師ができるまでになりました。この調子で講師としてのレベルを高めつつ戦後史の講師としても活躍していきたい。そして、これがライフワークになるかもしれないと思っています。

もう一つ、好きというのか興味があるのがチラシ作りです。得意ではありませんが、お手伝いしたときに「上手い」と褒められました。お調子者ですぐその気になって数回にわたってチラシ作成を受け持ちました。絵は好きなほうでしたので、あまり苦にはなりませんでした。経験を積むにつれてもっとスキルアップしたいと思いました。ちょうどその時期に八王子で有名な先生のチラシ作成講座を受講しました。今までは我流でしたのでプロの教えは目からウロコが落ちました。それ以来、自分ながらスキルアップしたと「手ごたえ」を感じています。この先生の講座は横浜市でも有効なので、ぜひ行ないたいと思い企画したところ、たくさんの人に受講していただきました。横浜市緑区の地域活動の団体のチラシ作成スキルも向上しました。

3 「健康」～地域活動の源～

当たり前ですが、健康が大事です。これはいろいろな地域活動の基本中の基本です。横浜市緑区で活動中の先輩から健康に関して次のメッセージをいただきました。

① 「健康」を制するものは「人生」を制する。そして、人生は楽しむもの
② 「健康」だけがすべてではないが「健康」を失ったとき、すべてを失う
③ 「命」より「健康」が大事！　寝たきりで生きていてもしょうがない

なかなか深みのあるメッセージだと思います。

医者は「運動しなさい」と盛んに言いますが、一体、何から初めてよいか判らないし、何をどうしたらよいかも判らない。無理をすると怪我や故障で動けなくなる。ここはやはり自分の

運動能力を客観的に知ることが重要と思い、「スポーツ版人間ドック」を受診しました。「スポーツ版人間ドック」とは聞き慣れないと思いますので、少し説明します。一般の健康診断や人間ドックでは行なわない「運動負荷試験」や「各種の体力測定」を行なうものです。これがよかった。無理をしないで自分の弱点を強化できる運動メニューを作成してもらいました。現在、月に6回のジム通いですが、もう10年以上も継続しています。また、ジム通いの常連さんには終戦時は少年だった方もおられ、その当時のいろいろなお話を聴くことができ、戦後史に関する情報収集源にもなっています。

ジムの長所は、有酸素運動と筋肉トレーニングが1カ所でできることです。また、天候に左右されず、いつでもできる、冷暖房完備で体への負担が少ない。半面、費用が気になりますが、公的施設で高齢者割引が利用できる場合だと、民間の半額程度でできるところもあります。

屋内のジムでの運動だけでは飽きて物足らなくなってきたので、屋外でも何かやりたいと思い、つきなみですがウォーキングを初めました。最初は一人で自宅付近をウォーキングしていましたが、もっと違う場所をウォーキングしたいと思うようになりました。そこでウォーキングの活動団体に入会し、春は桜、秋には紅葉など、自然を満喫するウォーキングを続けています。また、会社以外の人たちとの交流、いわゆる異分野交流の楽しさも実感することができました。

ウォーキング距離が伸びるにつれ、今度は走ることに挑戦しようと思うようになりました。私より年配の人が走る姿に触発されて、その思いは増大していきました。しかし、歩くのと走るのとは違います。最初は1キロメートルも走れませんでしたが、徐々に距離が伸びていくと、それなりの達成感や満足感が得られました。そして5キロメートルを走れるようになったとき、レースに出たいと思うようになりました。どうせレースに出るなら何かご褒美が欲しいと思い、温泉付きの「熱海」でのレースを選び、無事に5キロメートルを完走し、ご褒美の温泉に入ることができました。そして、この年は10キロメートルも完走することができました。翌年の59歳のときにハーフマラソンに挑戦し、これも完走することができました。人間の欲望は限りがなく、次の年、ついに野望というより無謀なフルマラソンへの挑戦へと繋がっていくのでした。はたして制限時間内に42キロを走れるのか、とても不安なのと、「初マラソンは海外で」との思いがあったので、まず制限時間のないホノルルマラソンを選びました。そして、このときは還暦を迎えた記念すべき年でした。もちろん、家族も重要なので、妻と次女と一緒に行きました。次女は3カ月後に社会人となるので、今後は一緒に旅行することは難しくなるだろうと、卒業記念も兼ねた気楽な旅行となる予定でした。しかし、現地で私がゼッケン受け取りなどのマラソンの手続きをしていると、妻たちは周りの雰囲気に押されたのでしょうか、10キロメートルのウォーキングに応募してしまいました。ワイキキビーチを眺めつつ母娘で10キロメートルを完歩でき、よい思い出になったと思います。

先に家族も重要と述べましたが、これには裏話があります。実は先輩から「君なぁ、一人で行くなよ。奥さんも連れて行けよ。連れて行かないと後が大変だよ！」とのアドバイスをいただき、とても感謝しています。先人の教えは有り難い。

人間の欲望は図りしれない。今度は国内のメジャーなマラソンに挑戦したいと思いはじめました。一生に一度はメジャーな世界6大市民マラソンである「東京マラソン」を完走したいと思い、これを目標にしました。しかし、2つの大きな課題を乗り越えなくてはなりません。一つは制限時間内に完走できるか。これは練習すれば何とかなるのではないかと……。もう一つは10倍を超える抽選倍率です。これにはひたすらエントリーを継続するしかない。体力的にも限界があるので、何とか60歳代で実現したいと念じていたところ、63歳のときに当選してしまいました。

「おっ！　当選してしまった！　どっ、どうしよう!!」というのが当時の本音でした。こんなに早く当選するとは思っていなかったので、もの凄く驚いたと同時に不安が頭の中で錯綜状態となりました。このとき、3度目のエントリーで抽選倍率10・3倍でした。もう練習あるのみ。やれるだけやってみよう。

さて、いよいよ本番です。もう悔いが残らないようにやるしかない、と覚悟を決めました。厳しかったが、何とか制限時間内で完走することができました（写真３参照）。スタートの号砲が鳴る前の、体中に充満する緊張感や周りの人たちの連帯感というか、大袈裟にいうと運命共同体のような一体感を味わいました。また、フィニッシュしたときの達成感や満足感は筆舌しがたく、私の宝物です。

次にマラソンを通じて学ぶことがあったので紹介します。

写真３ 東京タワー（１９Km）付近を疾走中？？？

①これだけ多くの人が同時に同一条件で共通の目標を共有する例は見当たらない。トップアスリートと初心者、男女、年齢、国籍に関係なく、すべてが平等で対等ということです。これが「生涯学習」や「地域活動」の根幹をなすものである、と体得しました。いわゆるバリアフリーという

ことです。

②「練習は嘘をつかない」。走るためには筋トレも必要です。「貯金」はできなくても「貯筋」はできます。やはり日頃の自己研鑽も必要と痛感しました。

③目的をもち、それを達成するための努力を惜しまずやり抜いて得られた達成感が次の挑戦に繋がり、自己成長していく。これも生涯学習の根底になると思います。

④地の利を活かす。横浜市に住んでいたので東京マラソンに挑戦する気になりました。もし、地方に住んでいたら費用的な面も含めると挑戦はしなかったと思います。首都圏は生涯学習の講座、博物館、美術館や各種のイベント等の数の多さは地方とは比べものにならないほど、すごく恵まれています。

⑤褒めることが大事。残り7キロメートルの35キロメートル付近では、精神的にも肉体的にボロボロ状態で、十分「頑張ってる」のに、「頑張れ!」の〝励ましの声援〟はストレスになる。それよりも、「いいよ! その調子」や「ナイスラン」等の〝褒める声援〟はモチベーションが上がりました。

学生時代は長距離が大の苦手で、当然、マラソンは観るもので、物好きが走るものと思っていました。ですから、還暦を超えてから実際に走るとは夢にも思っていませんでした。走ってみると、自分が主役になったようで気持ちのいいものでした。マラソンのお陰で健康状態も定年前よりよくなり、やればできるとの自信となり、地域活動の原動力となりました。

また、この中に、心の余裕として家族との時間や自分を楽しむ時間、いわゆる裁量時間を入れておきたいと思います。あまり地域活動一辺倒になると身動きがとれず窒息してしまいます。たとえば、旬なときに旬なところに行く。週日はシルバー割引で格安で旅行できるし、何と言っても空いているのでゆっくりできます。これぞ定年退職者の特権であり、醍醐味だと思います。シルバー割引は他にもあります。映画、博物館、ジム、床屋、バス運賃など、気をつければたくさんあります。これを活用して大いに楽しみたいものです。

まとめ

人生二毛作とよくいわれています。まず、「一歩踏み出す」ことがとても重要です。世の中にはもっと楽しいことや知らないことがあるでしょう。今までと違う何か新しいことに挑戦します。「人生は〝楽しく〟やった者勝ち！」。

また、「実年（概ね60歳代）重ねて来たらず」。心と健康と気力と時間が充実したこの時期にやるべきことがあります。いつでもできると思っていると、いつになってもやらず、そのうち、自分の健康や両親などの介護で何もできなくなるかもしれません。

近年、60歳定年が崩壊し、65歳まで就労する時代に突入しました。定年後、元気で活躍できる期間を健康寿命から逆算すると、男性で約5年、女性で約9年となります。これではあまりにも少なすぎます。自立した健康、すなわち健康寿命を伸ばすためには運動と地域活動です。地域活動は「健康料」と思っています。病院に行ってお金を使うより、地域活動や運動などにお金を使う。これが正しいお金の使い方と思っているのは独断と偏見でしょうか。

それと将来の展望も必要です。最低でも5年先、たとえば、55～60歳時点で65歳以降の人生を楽しむライフプラン策定が大事と思います。これには旅行等の「楽しい行事」を中心にリフォームなどの資金計画が不可欠です。

これからは、センテナリアン（Centenarian：百寿者）の時代といわれています。１００歳までの人生設計が求められています。「地域活動」と「健康寿命」の重要性が、今後、ますます高まってきます。

セカンドライフは「適度」に〝楽しむ〟もの！ 決して〝無理〟や〝無茶〟をしないこと。怪我や病気になったら「元も子もない」。楽しくなかったら続きませんよ。

参考文献

・『生涯学習「地縁」コミュニティの創造』瀬沼克彰 著　日本地域社会研究所　2012年8月
・自由時間研究会『研究報告』2号　2012年
・『渇望郷』藤村勝典 著　自費出版　2012年7月
・「長生き、健康に暮らしてこそ」2017年8月15日　朝日新聞
・『老後に困るのはどっち～お金と健康～』2017年12月　プレジデント社
・「緑区市民活動支援センター」リーフレット　2018年3月
・「健康・医療フォーラム2018」2018年3月6日　朝日新聞
・「横浜市ホームページ」
・その他の関連ホームページ

生涯スポーツの実践

——地域バドミントンクラブの発展と課題——

本庄美佳

はじめに

バドミントンは、2016年のリオデジャネイロオリンピックで、女子ダブルスの「タカマツ」ペアが金メダルを獲得するなどの活躍で脚光を浴びて以来、「メダルが期待できる競技」として注目されている。私は、そのバドミントンに中学生の頃から慣れ親しんできた。現在は、地元（東京都内）にある地域のスポーツ・文化クラブに所属し、傘下の自主クラブであるバドミントンクラブの一員として活動している。

この地域のスポーツ・文化クラブは、文部科学省が日本体育協会や東京都体育協会を通じて推進している事業「総合型地域スポーツクラブ」の一環で、「いつでも・どこでも・だれでもが継続的にスポーツに親しめる環境作りをめざす、地域に根ざした住民による自主運営を主体で行なわれるスポーツクラブ」として、10年ほど前に設立された。

本クラブの特色は、単なる「スポーツクラブ」にとどまらず、文化活動も展開しながら、長期的な視点に立ち、「子どもたちの健全育成」と「豊かな地域コミュニティの形成」を目指している点にある。設立趣意書にも、「幼児から高齢者まで幅広い年齢層を対象とした複数の種目が継続的にそして定期的に用意され、地域の指導者の活用、将来的には学校の部活動との連携も視野に入れながら地域の活性化を図り、地域のコミュニティの場として、より明るく健康で豊かな地域生活の実現に向けて活動していく」とある。

設立当初に比べ、クラブ全体の会員数も、傘下の自主クラブの数も、着実に増えている。東京都スポーツ功労団体の表彰も受け、地域密着型のクラブとして、順調に発展している。

本クラブ設立当初から、傘下の自主クラブの一つとして、バドミントンクラブは活動している。自主クラブの多くは、もともと地域の小学校の体育館等の施設を利用していた団体で、バドミントンクラブも、前身は、小学校ＰＴＡバドミントン同好会である。

私は、たまたまその小学校ＰＴＡバドミントン同好会に属していたご縁で、地域のスポーツ・文化クラブ傘下の自主クラブへの移行の準備や、自主クラブ発足後も一員として運営に携わる機会を得た。初期（設立当初から5年間）の活動については、拙稿「生涯スポーツの実践」（『世のため人のため自分のための地域活動』みんなで本を出そう会編、日本地域社会研究所所収）

にまとめている。本稿では、会員数も20名を超えるまでに成長した当クラブの、10周年あるいはそれ以降に向けての、「地域バドミントンクラブの発展と課題」を考察したい。

1 「地域バドミントンクラブ」としての特徴

バドミントンクラブは、地域のスポーツ・文化クラブの傘下の一自主クラブとして活動している。そのためメンバーには、自主的な「バドミントンクラブ」の一員としての活動・役割だけでなく、「地域のスポーツ・文化クラブ」の一員としての活動・役割も求められる、という「地域バドミントンクラブ」ならではの特徴がある（左表参照）。

また、バドミントンクラブ立ち上げから4年ほど経ち、軌道に乗ったところで、地域の文化・スポーツクラブ傘下の自主クラブとしての位置づけを明確にするため、規約を作った。以下のように、「バドミントンをする」だけのクラブではなく、「地域のスポーツ・文化クラブ」の一員として、行事等への積極的な参加を明記している。

地域のスポーツ・文化クラブの一員としての主な活動・役割

① 運営委員会への参画
・自主クラブから数名参加（自主クラブの代表は必ず運営委員となる）
・運営委員会（月1回）に出席
・自主クラブの年間活動報告・会計報告を提出
② 事務局への参画
・事務局（小学校内の一室）の窓口当番（電話対応等）を、自主クラブで分担
・イベント（毎年11月実施のフェスタ）の準備・実施作業を自主クラブで分担
③ 他の自主クラブとの連携
・活動日程等の調整（学校行事がある日は、自主クラブ間で活動時間等を調整）
・窓の開閉、照明等の調整（活動時間の前後の自主クラブ同士で、うまく調整）
④ 学校との関わり
・小学校の施設（体育館等）を利用できることへの感謝
・教職員とのコミュニケーション（教職員のビジター参加も歓迎）
⑤ 地域との関わり
・自主クラブ活動日には、「見学希望」「体験希望」に対応（初心者も気軽に問い合わせられるよう、自主クラブの説明をする）
・年1回のイベントでは、「体験教室」コーナーを実施（自主クラブは中学生以上が対象だが、「体験教室」は幼児・小学生も歓迎）

【目的】
バドミントン活動を通じて、健康の増進・技術の向上、会員相互の親睦を図ることを目的とする。

【活動内容】
●原則として週1回（土曜日、原則14時半〜17時）の練習と年1回（12月）の総会
●技術向上を図るための講習会の開催（年3回程度）
●「文化・スポーツクラブ」の行事への参加・協力

●対外交流会、お楽しみ会等の親睦行事の開催
●その他、本クラブの目的達成に必要な活動

【練習プログラムの基本構成：土曜日の14時半〜17時】

代表が原則として、進行・挨拶を担当し、他のコアメンバーが体操指導・シャトル管理・時間管理・会計等を担当。原則、以下のような時間配分で練習している。

●14時　〜14時半　小学校の守衛さんに挨拶し、帳簿に活動開始時間等を記入
●14時30分〜　体育館に集合・練習開始の挨拶・連絡事項等伝達
　準備体操（ストレッチ）
●15時　〜　基礎ストローク練習
●15時30分〜　試合（ゲーム）形式の練習等（「6分間」の試合形式が多い）
●16時45分〜　後片付け・清掃・整理体操
　忘れ物のチェック
　活動報告書をクラブ事務局（小学校内）に提出
〜17時　小学校の守衛さんに挨拶し、帳簿に活動終了時間等を記入

【会費】

地域のスポーツ・文化クラブへの登録料（年間2400円。ただし、20歳未満と65歳以上は1200円）の他に、自主クラブとしての活動費用を賄うために、自主クラブの会費を以下のように設定している。
●正会員　年会費1万円（ただし、20歳未満と65歳以上は8000円。登録料を含む）
●準会員　練習1回参加につき500円（ただし、中学生は300円。登録料は別途）

【特色】

「土曜日の午後」という、会社員にも主婦にも都合がよい時間帯に、小学校の体育館（コート3面）を比較的ゆったりと使える、という恵まれた条件に加え、「バドミントンだけをする」バドミントンクラブとの差別化を図るため、当クラブならではの特色・魅力として、設立当初から以下の点をアピールしている。
●ゲーム（試合）形式の練習時間を多くとります！
●良いシャトル（公式試合で使う「ニューオフィシャル」）を使います！

予想どおり、この2点を魅力に感じて、他のバドミントンクラブと掛け持ちする人が毎年着実に入会・定着している。「他のバドミントンクラブでは別の曜日に練習。ここでは、（他では十分にできない）試合形式の練習や、大会と同じ良いシャトルを使った練習ができてうれしい」というわけである。

2 会員数の増加に伴う新たな課題

会員数に「定員」を設けるべきか

前身の小学校ＰＴＡバドミントン同好会の仲間を中心に、会員10人足らずで細々と始めたバドミントンクラブ。当初は、練習日の出席人数は5～6人程で、３面あるコートをもてあましていた。幸いなことに、年々新しい仲間が増え、２０１６年度には会員が17人にまで増えた。練習日の出席率も非常に高くなり、コート３面をフル回転で使うほど、活性化した。会員全員が毎回出席するわけではないが、コート３面（最大12人）以上の出席者がいることが多々あった。「会員数に定員を設けるべきか」という、当初考えてもみなかった「贅沢な悩み」をもつまでになった。

コートは3面なので、ダブルスの試合でも一度に12人しかコートに入れない。最近の活動日では、15人以上参加することも多く、「試合の手合いを調整する」役目を担当している私も「嬉しい悲鳴」をあげている。ただ、これ以上、参加者が増えて、「一度に半分程度の人しかコートに入れなくなってしまう」事態になると、限られた時間・場所のキャパを超え、せっかくの魅力（良いシャトルで、試合形式の練習ができること）が減じてしまいそうである。

２０１７年度初めには、さらに新会員が加わり、会員数は21人になった。40代・50代・60代以上が7人ずつで、男性も4人と増えた。

人数が多いと活況を呈して、大変楽しいのだが、前述したように「試合の手合いの調整」が大変である。初心者もいれば、大会に出るため真剣練習をしたいペアもいる。体力面に不安のある人（怪我・病気の回復直後など）もいれば、できるだけたくさん試合を楽しみたい人もいる。いろいろな観点から「皆が楽しめるようにうまく調整」するのが、コアメンバーの苦心するところである。

２０１６年度と２０１７年度の総会でも、「会員数に定員を設けるか」は議題になったが、簡単には結論は出ず、「次年度に先送り」となり、活動内容の工夫で乗り切れる間は乗り切ることにした。２０１８年度の総会で、また議論する予定である。

会費の見直しをすべきか

活動費用の大半は、練習で使用するシャトル代である。ここ数年、シャトルの価格は上がる一方で、クラブ設立当初は1ダース3360円で買えたものが4180円まで値上がりしている。今後も消費税率上昇等もあり、さらなる価格上昇が見込まれる。

これまでは、会員数の増加により、1人当たりの固定費（年3回の講習会費用総額2万7000円）が減ったため、何とか会費自体の値上げはせずにすんできた。しかし、この頃は、会員数の増加と出席率の高まりにより、1回の練習で使うシャトルの消費量が増えているため、会費値上げを検討しなければならないと思われる。

会員の対象は、設立当初から「中学生以上」に限定

毎年11月のイベントでは「バドミントン体験教室」のコーナーを設けていて、小学生にもたくさん楽しんでもらっている。バドミントン人気で、「小学生の子どもがバドミントンをやりたいので、バドミントンクラブを探している」という「小学生とその親」からの見学希望や問い合わせも増えてきた。同じ区内の数少ない、小学生対象の「キッズ・プログラム」は、人気があって「狭き門」のようである。

しかし、当クラブは、設立当初から、会員の対象を「中学生以上」としており、小学生の入会はお断りしている。本格的な「指導者」はおらず、年３回、会員の技術向上のために、外部から講師を呼んで講習会をしているだけである。ましてや、基礎が大切な小学生に対して、適切な指導ができるわけがない。また、会員数が増え、「小学生向け」にコートを確保する余裕もないのである。

小学校高学年の場合には、「中学生になってから、部活動でバドミントンを始めること」をお勧めしている。私自身、地元の中学校のバドミントン部に入り、バドミントンを始めた。顧問の先生がたまたまバドミントン経験者で、よくご指導いただけたし、一緒に始めた仲間がいたことで楽しかった、という思い出もあるからだ。

中学校の部活動で基礎を学んだ生徒が、将来、当クラブの会員になってくれれば、それは大変嬉しい。生涯スポーツとして、バドミントンを楽しむ仲間が増えるからだ。

会員構成が多様化したため、練習内容の調整・工夫が必要

オリンピックの金メダル効果は大きく、バドミントンの人気は高まっている。当クラブにも、「若い頃バドミントン部だったが、社会人になってからは全然やっていない。でも、バド

ミントン選手の活躍ぶりをみて、懐かしくなった。しばらくぶりに自分もやってみたい」という「40代の経験者」、「テニスはやったことがあるが、バドミントンもやってみたくなった」という「シニアの初心者」など、さまざまな人たちから、見学希望や入会問い合わせがくるようになった。

入会希望者には、一度練習を体験（無料）していただく。2回目からは「お試し期間」として、規約等も説明して、準会員と同じく1回500円の会費をいただき、「正式に入会するかどうか」を決めていただく。

会員が増えるにつれ、年代も、性別も、体力も、バドミントン経験も、多様化してくる。各人が「バドミントンを楽しい」と思え、かつ、バドミントンクラブの目的である「バドミントン活動を通じて、健康の増進・技術の向上、会員相互の親睦を図ること」を実現できるように、会員構成の変化に応じて、練習内容を調整する工夫が必要である。

現状では、コアメンバー4人が適宜、話し合いながら、試行錯誤を重ね、総会などで皆から意見を聞きつつ、調整している。コアメンバーのチームワークが、ますます重要になってきている。

3　10周年に向けて ―「生涯スポーツ」として楽しむために ―

多様な楽しみ方ができるのがバドミントンの魅力

バドミントンは、「キッズ」「ジュニア」「ミドル」「シニア」各世代それぞれで、さまざまな楽しみ方ができる。

「競技スポーツ」として取り組むのであれば、若い頃は「基礎的な体力・運動能力をつけること」を前提に、「バドミントン競技の基本技術を正しく身につける」ことが大事であろう。最初に「自己流」で癖がついてしまうと、上達の妨げになる。語学の勉強にたとえていえば、「文法や発音など、基礎をしっかり学ぶことが大事」ということである。

一方、「生涯スポーツ」として楽しむのであれば、もっと気楽である。「テニスの癖がぬけない」、「シングルスはとても体力がもたない。でも、ダブルスなら何とかなる」、「十分な練習をする時間的余裕がないので、下手の横好きのまま」、といった人でも楽しめる。語学の勉強でたとえていえば、「旅先で英語を話すとき、日本語なまりがあるけれど、相手には通じるようにしたい」、「自分の専門分野についてだけは、英語で論文を読んだり、書いたりできるようにしたい」

といった、「限定的だけれど、目的は達せられるように工夫する」アプローチが可能なのである。「思い立ったが吉日」と、いつからバドミントンを始めても、楽しみ方がある。もちろん、若いときに基礎ができていれば、「ミドル」や「シニア」での楽しみ方の幅は広がる。

コアメンバーのスムーズな世代交代を目指す

当クラブは、多様な人びとが、バドミントンを「生涯スポーツ」として楽しむ場である。コアメンバーは、その「場」を維持・発展させるための「縁の下の力持ち」としての役割がある。幸い、現在のコアメンバー4人は、前身の「小学校ＰＴＡバドミントン同好会」からの長い付き合いなので、チームワークもよく活動できている。しかし、「いつまでも同じメンバーで続ける」ことには限界がある。もちろん、年齢・体力的な限界もあるが、「クラブ」として長らく活動していくためには適切な「世代交代」が必要である。

かつては、「どうやって次の代表（になってくれる人）を見つけたらよいのか」が悩みだった。それが現在では、会員数が増え、クラブ運営が軌道に乗ったこともあり、「5年後くらいに、コアメンバーになれる人びと」の目途がついた。総会・懇親会の場などでは、コアメンバーから、以下のような話もした。

●設立当初は「40代・50代のミドル」だった「コアメンバー」も、最年長の代表が「シニア（65歳以上）」の仲間入りをするまでになりました。まだしばらくは大丈夫ですが、いつかは、次の世代に「コアメンバー」の役割をバトンタッチしたいと思います。

●40代の皆さん。40代までは、「積極的に試合に出たりして、自分たちが強くなること・上達すること」に良い時期です。しっかり楽しんでください。そして、十分に楽しんだ上で、50代くらいになったら、「コアメンバー」の役割を引き継いでください。その頃には、子育ても一段落していて、バドミントンの経験も積んでいるので、「自分たちも楽しみながら、コアメンバーの役割を果たすこと」が自然とできるようになっています。

嬉しかったことに、私たちの話に、「次世代のコアメンバー候補」の皆さんが理解を示してくれた。信頼関係が築けてからでないと、コアメンバーの引き継ぎは難しい。スムーズな世代交代のためには、長い準備期間が必要とつくづく感じた。

中野区主催「ことぶき大学・大学院」による学習とその後のさまざまな出会いによる啓発と活動

佐藤　毅

1　ことぶき大学・大学院での学びと卒業後の学びについて

２０１１年から２０１４年までの4年間（ことぶき大学3年間、大学院1年間）の学びについては、過去の報告で紹介した。卒業後については、地域でのことぶき会出発時に会則を決め、現在に至っている。読む、学ぶ本（日本の古典文学、徒然草と枕草子）はその時点で決めている。参加者は出発時点では多数いたが、現在は固定的に10名ほどになっている。このメンバーで日本の古典を学び、継続させているところである。

古典とその現代語訳、その双方を読みながら進めているが、現代語訳があることで理解が深まり、これが継続できている理由の一つだと思う次第である。今回の報告では、学びについては過去との変化が少ないことから、主に活動の現状報告について記すこととする。

２　地元を中心とした方がたとの活動への参加

(1) 上高田2丁目公園での朝のラジオ体操への参加

これには、各町会、自治会活動がメインになってやるもののほかに、区の学校主催のものもあり、ＮＨＫのラジオ体操は別途、ラジオ体操連盟下の基で、年間、ほぼ毎朝欠かさずに実施されている。その日の日程で時間的に重なることがない限り、上高田２丁目公園で行なわれる朝のラジオ体操には、ほぼ毎日参加しており、常連メンバーとなっている。また、体操終了後の朝の散策にも参加するようにしており、１時間弱の散策には癒されることが多い。最近はカメラを持参し、行った先ざきで映像を撮ってくることが増えている。それが公園であったり、お寺さんであったり、神社だったりして、目下、小生のＤａｉｌｙ Ｄｏｃｕｍｅｎｔのネタにもなっていることが多い。なお、防災活動等の、区および地域主催のイベントにも参加させていただいているところである。この、朝のラジオ体操に参加していて、チョットした気づきがあった。年齢も90歳になる参加者がいたり、手足が多少不自由でも、ほぼ毎日参加しにこられる人がいたり、せいぜい30名ほどのメンバーではあるが、いろいろ教えられることがある。

本人たちの継続的参加意欲を讃えたい。これに参加することが、こんなにも小生を意欲的にさせてくれるなんて、人生一毛作時代にはまったく思ってもみなかったことなのである。一日1万歩、の出発がここにあるといえよう。

(2) 地元のスポーツ・クラブ（TAC、Tokyo Athletic Club）での活動

会員に登録することで、トレーニング・マシーン各種と測定器およびマッサージも使用できる。ショート・トラックのランニング・コースや水泳施設、浴室、サウナ施設も完備されていて、休憩室や打ち合わせコーナーもある。各種のトレーニングを受講するには、まずスケジュール表で確認してから参加申し込みをする。小生の場合は、1Fのスイミングフロアと、サウナや風呂がある3Fのコミュニケーションフロアの利用が多く、4Fのトレーニングフロアと5Fのダンスフロアの利用は目下、少ないのである。利用時間は、小生は日中をその時間に当て、夜は自宅で夕食をとることを基本にしているが、それができない場合には事前に連絡を入れ、家族には迷惑をかけぬように心掛けているつもりである。

スポーツ・クラブ内には会員同士の同好会活動が定着している。小生は10余りある同好会の中から、自身に一番向いていそうな「Ｆｒｅｓｈ同好会」を選び、メンバーになるべく登録し

た（この会には平均20名程度の参加者がいる）。この同好会では年間10回程度のイベントを企画しているが、そんな気分を味わえた企画が多くあって、数年継続して参加している。スポーツということでは、30代前半で始めたＧＯＬＦは、自身のクラブへ通う年間回数は減ったが、会員を維持している。

(3) 中野区ZEROホール（西館）での催しもの等への参加

定期的には、月１回開催される静坐会（毎回午後6時30分から2時間）で坐禅し、読書会にも行く。以前は「親鸞を読む会」に参加したこともあるが、小生がめざそうとした方向からのズレを感じ出したことから、数回通ったが止めにした。また、わが家の宗派は真言宗豊山派（東京の総本山は護国寺）で、檀家の公開講習会が年間7～８回開催される。それには参加を申し込んで勉強させていただいている。

以上は、主に日本古来の仏教の教えを学ぶために参加していることであるが、自分なりに合点が得られるよう、学びの途中段階の実情報告であることとご理解願いたい。

(4)月刊誌「致知」との出会いがあってからの小生の変化について

現時点で何万人の個人会員がいるのか知らないが、この出版物との出会いは、それ以前とでは明らかに違いを感じさせてくれているものが一体、何なのかと、改めて問いたくなるほどインパクトがあった。

小生は個人会員であるが、木鶏会と称して全国各地にこの読者の会が発足しており、目下、そこまでは考えないまでも、今後の状況次第では変化がありうるとの認識をもつ。

(5)その他の会合等への参加について

人生の一毛作時代からの組織のOBとして求められることへの協力や、それより前からの、それこそ小学校時代からの同窓会、クラス会、懇親会への協力もさせていただいている。これらの会合・打ち合わせ、準備等だけでも、年間にしても相当の日数・時間がとられるが、それらへの参加では、自身が前向きになれるような感覚がもてるし、何かの行事と重ならない限り、出席するようにと心掛けているつもりである。また、他の地域のことぶき会の呼びかけにもお答えして参加しているほか、食事道（主に玄米酵素）勉強会への出席等も5、6年になる。

3　中高年の諸問題

以下のＡからＮに記すようなテーマは、多くの先人によって提起され、仲間同士で論議されてきた。有り難いことに、小生も仕事人間から解放されてからの時間を有効活用すべく、地元・近隣の方がたと過ごせることができた。きっかけはちょっとした挨拶「お早うございます！」から始まるようである。ただし、事前に関心のある問題については、各位の自覚が問題であるし、自身で調べておくことが肝要であるが……。最初は、政治・経済・社会・スポーツ・芸能に始まり、伝統文化へ。その後は人間科学・哲学へと話題が広がっていく。そんな中、後半の部分で話題になったものを取り上げることとしたい。ただし、このあたりの問題になると、限られたメンバーに固定されやすいのだが……。

Ａ：人生の二毛作目には何を実行すべきなのか
Ｂ：人生の林住期、遊行期をどのように迎えたらよいのか（高齢期および後期高齢期）
Ｃ：日本という国土に何世代にもわたって受け継いできたＤＮＡとは
Ｄ：地元との関係を深めて、自分の居場所をみつけるには
Ｅ：病気にかからぬ「心の持ち方」「善知識」とは

F：みっともない老い方とは
G：老前整理の必要性は
H：高齢者のデーター提供に協力しようではないか
I：長寿遺伝子へのスイッチ・オンの生き方とは
J：「時処位」の自己限定とは
K：「ピンピンコロリ」ではなぜだめなのか
L：100歳までボケないで生きられるか、どんな方法があるか
M：300年余り、人生生涯50歳だったのに、それがいかにして80歳まで伸びたのか
N：日々の実践「一読、十笑、百深呼吸、千字を書いて、万歩に励む」をやろうではないか

「感動」「笑い」「夢」をもてる人生の出会いを楽しみに毎日を過ごしたいものである。そのためには、各自が「自身の人生」をいかに生くべきか、何のために生きるのかを常に探求していたい。小生も「これだ！」と言える決定的な回答は得られないものの、何をやるにも、限られた時間を精一杯使いながら、先哲からの教えを参考にしながら、お仲間・同僚、男性・女性限らず、対話を通しての交流の場で、たくさんの試練を共に乗り越え、「生と死の狭間に立って、

今を渾身に生き抜く」、その姿勢を貫くことを今後もやって参りたい。今までのたくさんの方がたとの出会い、触れ合いに感謝申し上げ、報告といたします。ありがとうございました。

ハートウェア倶楽部10年の活動経過

――10周年は通過点。地域活動の基本は「語る」ことから――

ハートウェア倶楽部　代表　米田道夫

はじめに　私が地域活動に関わるまで

●定年退職後の人生をいかに生きるか（50歳代後半から考え始める）。

●60歳定年を目前に、年金支給が段階的に65歳まで引き上げられる。1949年生まれの私は65歳まで5年間年金支給を待たされた最初の年代。

●5年間の再雇用（嘱託）で、定年退職後の人生設計に狂いが……。

●会社勤め一筋から、地域活動へのシフトを考え始める。そこに「ハートウェア倶楽部」の前身である「ハートウェアの会」を主宰されていた松田隆氏との出会いがあった。

＊「ハートウェア」は、ＩＴ全盛時代、コンピュータのハードウェアにもソフトウェアにもないハート（心）を大事にしようという造語である。

1　松田隆先生との出会い

「ハートウェアの会」は約20年前（２０００年４月）、春日部市在住の経営コンサルタント（箴言《しんげん》作家）松田隆氏が、生涯学習を基本とした人生ライフを送るために自ら主宰され、約７年間続いた地域活動である。しかし２００７年５月、松田先生の健康上の理由で急遽、活動中止となった。その後、数人の有志から、ぜひ「ハートウェア」を継続させたいという機運が高まり、２００７年９月23日「ハートウェア倶楽部」として再出発し、今日に至っている。

このあたりの経緯を振り返ってみると、以下のようになる。

私は定年目前の58歳のとき（２００７年）、交通事故に巻き込まれ、脛骨骨折、１カ月半入院、１カ月自宅療養、リハビリしながら会社復帰した。

春日部市立病院（現春日部市立医療センター）入院中、松田隆氏と出会う。「米田さん、私は春日部コミュニティセンターでいろいろな学習会を開いている。元気になったら一度来てみませんか？」とのお誘いを受けた。もともと、雑学好きで何か会社生活から離れた活動もやりたいと思っていた私には願ってもないお話であった。月に一度、第1日曜日、春日部コミュニティセンター（粕壁南公民館）で、「ハートウェアの会」ということで、松田先生がその場で当日の学習内容を決め、講演あり、討論会あり、言葉・漢字の勉強会ありの会で「おもしろ雑学」の会であった。私にとってはとても興味深いものであった。

2　松田先生との8カ月

松田先生の「ハートウェアの会」に新人としてその9月から参加し、活動を始めた。入会当時の私は、会員でただ一人の現役サラリーマン。勤務は大手寝具メーカーで、物流、営業を経験した後、コンピュータ関連の仕事をしていた。約8カ月続いた活動の中で、私が「クラシック音楽鑑賞」が趣味であるということから、比較的「クラシック音楽」に縁遠いと思われる先輩会員の前で「クラシック音楽入門」「クラシック音楽のすすめ」というテーマで2回の講演をする機会をもらい、人前で話すことの苦手だった私も講演をする自信ができたと感謝している。9カ月目の学習会を始める前に、突然、松田先生の一身上の都合で「ハートウェアの会」が中止、解散となってしまい、残念であった。

3 「ハートウェア倶楽部」結成

その主旨は、生涯学習とコミュニケーションを通じた自己形成と地域形成で、それを目指して活動を開始した。

※発起人：太陽昇、矢島勝雄、平岩博、伊藤正昭、米田道夫

松田先生から、後を代表として託された矢島氏（さいたま市岩槻区在住）を中心に、講演・討論会を主に、月に一度「お話しの会」を開催することにした。私は、春日部市民であることと、パソコンができることなどから、「公民館・市役所等との交渉および会の文書作成管理」を主な仕事とする「広報部長」を任命され、表立った役割をほとんど受け持ってのスタートとなった。

結成会は、松田先生にお別れをしにきた人とこれからの新しい会に期待する人、約50名が岩槻コミュニティセンターに集まり、全員が一言ずつ、それぞれの思いを話した。私は、自己紹介の後、松田先生との出会い、これからの会へ期待することなどを話し、その頃、私が凝っていた、「どんぐりころころ」の詞を他の曲で歌う「替え曲」を歌い、そして曲の最後を「松田

先生ありがとう」で結び、かなり好評であった。

翌月（2007年10月）より、毎月第3日曜日に春日部コミュニティセンター（粕壁南公民館）で9時30分より12時まで月例会を開催することとした。
※スタッフ：（代表）矢島勝雄、（司会）平岩博、（企画）伊藤正昭、（広報）米田道夫、（顧問）太陽昇

4 「月例会」スタート

第1回月例会は、前身の「ハートウェアの会」の中心的存在で、迫力ある講話で人気の坂本浩延氏に講演を依頼。期待どおりの約1時間の講演の後、全員が自己紹介、一言ずつのスピーチを行ない、まずまずのスタートを切ることができた。

「月例会」を始めるにあたって、私が積極的に動いたのは、①公民館・市役所などの事務手続き（春日部市民であること）②当日の活動内容を記した「月例会レジュメ」を発行（パソコンができること）③会場の設営（「第1回ハートウェア倶楽部月例会」「講師」「テーマ」「連絡事項」などの貼り付け）を行なった。

5　「ハートウェア倶楽部」スタート時、ぜひやりたいと思っていたこと

①会則を作る
②「ハートウェア倶楽部」の歌を作る
③「ハートウェア倶楽部」のシンボルマークを作る

当時の思いおよびその後の経緯

①公民館活動をやっていくうえで「会則」は必要であるが、当面は拙速を排し、後ほど作成することとして、とりあえず「公民館規約」に従って行なう。とくに、
●特定政党の政治活動は行なわない
●宗教活動は行なわない
●営利目的の物品の売買は行なわない
の3項目は会則上特記すべき問題とする。

②会員で作詞（詩）のプロである伊藤正昭氏より、「ハートウェア倶楽部の歌」が早い機会

に作られた。当倶楽部には太陽昇氏をはじめ、作曲のできる音楽家が何名かいるとのことであったが、私の思うところ、オリジナル曲にすると初めて参加する人が歌えない。その都度、歌の練習が必要となってしまう。誰でも知っている曲に歌詞をかぶせる、いわゆる「替え歌」方式が望ましいと考えた。小学校学芸会の「桃太郎」の劇で鬼を退治したとき、ある曲の替え歌を合唱したことを思い出し、それに伊藤氏の歌詞を当てはめてみた。五七調でぴったり！　この演奏・合唱を、やはり春日部コミュニティセンターで活動している「ふじコーラス」に依頼したところ、快諾していただき、ピアノの演奏・20数名のコーラスで「ハートウェア倶楽部の歌」が完成した。以来、月例会ごとに全員で合唱してから会を始めている。

「ハートウェア倶楽部」の歌

作詞　伊藤正昭　　選曲　米田道夫

(1) 春日部に　同士同行　月一度　ハートウェア　あつき心を　見たり聞いたり
語れるクラブ　老若男女　多き方々が　いつも　にぎやか　ワイワイガヤガヤ

(2) 春日部に　笑顔もらいに　月一度　いつでもどこでも　かき根をこえて　誰でも学べる
明るいクラブ　新しい出会い　再会求め　いつもほがらか　いつもにこにこ

(3)春日部に　元気もらいに　月一度　あなたが主役　一人一役　全員参加
元気なクラブ　常連新人　力を合わせ　いつも　ここから日本が変わる

③ 私の長女が、デザイナー専門学校に通っていたときであったので、「ハートウェア倶楽部のロゴマーク」作成を依頼した（上図参照）。

条件としては、ハートのマーク（赤・ピンク系）の中に「ハートウェア倶楽部」の文字を入れる。四種類の試作マークができたので、スタッフ会議で一つを決定し、月例会レジュメ、ポスター、展示物、名刺などに広く使用している。

6 「月例会」の3パターン

月例会のマンネリ化を防ぐために、通常の月例会のやり方の他に2つのパターンを準備している。

Ⅰ　通常の月例会の一般的な進め方は、第1部として、「講演会」（外部講師・会員講師）を約1時間、第2部は「討論会」（私も一言）30分～40分、お話をする（第1部の講演に対する質疑応答が中心になるが、「最近、体験したこと・感動したこと」、「個人的なお知らせ」など自由に発言してもらう）。

Ⅱ　講習会形式　第1部・第2部に分けず、約1時間半「講習会（勉強会）」を行ない、質問などはその都度受け付ける。今まで「年賀状を筆で書こう」、「春日部資料館見学」、かすかべ出前講座「おもしろ漢字講座」などを行なった。

Ⅲ　講師のいない、5～6人のグループに分かれての「スピーチ＆ディスカッション」。グループ内でリーダーを決め、一人ずつ3分間スピーチをし、そのテーマについてグループ内でディスカッションを行なう。話が尽きたら次の人が（3分間）スピーチを行ない、またディスカッションをする。これを繰り返す。約1時間半で終了とし、各班のリーダーが自分の班で出た話題の発表をし、詳細についての質疑応答も行なう（一年に一度はこのやり方を採用している）。

7　「スタッフ会議」の実施

月例会開催後１週間以内に、代表・米田道夫（総括）、役員・矢島勝雄（参加者動員管理）・吉田三四子（会計）・金子弘（月例会主幹）のスタッフ４名が中心となり、今回月例会の反省、今後の活動の詳細決定、公共施設からの連絡事項などスタッフ間の意思統一を図ってきた。その中でもとくに重要であったのは、中期的な展望に立って、その時どきのテーマを定め、それに相応しい講師を選定し、依頼することであった。講話は当然ながら質が高く、内容が充実しているとともに、誰にも分かりやすいものでなければならない。このような講師を探し出すためには、スタッフの幅広い目配りが必要となる。スタッフは常にそれを共通認識とするように心がけてきた。

この会には誰が参加してもよく、幅広く意見を聞き、とくに次回月例会の講師に来ていただくように努め、会の進め方などを話し合っている。「スタッフ会議」により、毎回スムーズな「月例会」の運営ができている。

８　「月例会」会場確保の問題点

「ハートウェア倶楽部」の前身「ハートウェアの会」は、喫茶店、近くの空き集会所等でワイワイガヤガヤ(?)やっていたこともあったとのこと。「ハートウェア倶楽部」は最初から第3日曜日、春日部コミュニティセンター(粕壁南公民館)を固定し、原則として変更しないことにし、リピーターが何カ月、あるいは何年ぶりにきても気楽に参加できるようにした。〝毎月第3日曜日の午前中は、粕壁南公民館で「ハートウェア倶楽部」〟設立当初は、10~20名の会であったため、1階の「学習室(定員20名)」で実施したが、会が進むにつれて25名、30名と参加者が増え、現在では2階「会議室(定員50名)」で開催している。

数年後、春日部市の「公共施設設予約システム」が始まり、3カ月先の日付・場所を予約できるようになり、毎月第3日曜日・春日部コミュニティセンター(粕壁南公民館)に固定して順調に活動をやってきたが、最近、公民館利用者が増えた上に飛び入り利用者に抽選で負け、他の場所に変更せざるを得ないことがときどき発生するようになったのは、当ハートウェア倶楽部にとっては困ったことであった。このような事態は他の、長期間実績のある団体でも生じており、年間予約可能となるような適切な解決方法を探求する必要があると思う。

9 市民活動センター「ぽぽら春日部」の発足

２０１０年、埼玉県の東部地域振興ふれあい拠点施設（ふれあいキューブ）４階に、春日部市市民活動センター（ぽぽら春日部）ができた。新しいセンターで、施設、設備、市役所職員による運営など今までにないものが生まれたと期待した。

それまでは、公民館、コミュニティセンター、教育センターなど、いろいろな施設で運営がなされており、市として地域活動に対する運営方針が統一されていなかった。それぞれの施設でルールが少しずつ異なっていた。市民活動センターができてから、公民館を含めいろいろな施設を統括するものとして期待していたが、市当局としては公民館、教育センターに関与しない（しなくてもよい）との認識であった。「ぽぽら春日部」は、設立5年間は市役所職員で運営、6年目から民間に業務運営委託されたが、すべての事柄がほぼそのまま受け継がれ、新しい春日部市全体の地域活動センターができなかったのは残念である。

10　参加者の募集について

「ハートウェア倶楽部」発足時は、「ハートウェアの会」にいた人を中心に約15名でスタートした。入会（参加）・退会は自由とし、あえて会員制とせず（年会費等はない）、参加時に

1000円（初参加は500円）の会費とし、門戸を広げて気楽に参加できる倶楽部となるように心がけた。初期の会員の中には他の団体に属している人が多く（法人会・ハガ木の会・がんカフェ等）、その会員に声をかけ少しずつ参加者を増やしてきた。また、春日部市の広報「かすかべ」に「仲間になりませんか」という欄があり、年1回の制限ながら毎年4～5行の掲載で、地道に「ハートウェア倶楽部」の名前を広め、数名の市民が入会してきた。2017年6月、私が参加している「がんカフェ@高応寺」の会場である三郷市のお寺、高応寺で、住職（菜法上人）の取材にきていた朝日新聞の記者と名刺交換をし「越谷市・春日部市の地域活動に興味をもっており取材したい」とのお話しに便乗し、私の作成していた資料をもとに私へのインタビュー、10周年となる9月の前月の8月度月例会に実際に参加していただき、9月に10周年を迎える「ハートウェア倶楽部」の記事が9月13日に朝日新聞埼玉版に大きく掲載され、「ハートウェア倶楽部」が広く紹介された。

この記事を読んだ方から私のところに30件あまりの問い合わせがあり、約15名の参加申し込みがあった。月例会のポスターや、ぽぽら春日部のホームページの掲載、会員の知人への声がけなど、「ハートウェア倶楽部」を知ってもらうべく行なってきた地道な努力が、活動が10年以上続いている秘訣と思っている。

11　諸費用と講師謝礼

会費制を採っていないため、収入は、当日の参加費で運用している。参加費１０００円（初参加５００円）で活動するためには、20〜25名の参加が必要となっている。諸費用としては、会場費（粕壁南公民館会議室）、お茶お菓子代、レジュメ・資料作成印刷代、案内葉書代（約70枚）、記念写真プリントおよび送料などである。講師謝礼は、原則として会員の講演は３０００円、外部講師は1万円としている。その他、市行政によるかすかべ出前講座と春日部市協力団体の人の講演は無料でお願いしているため、３０００円くらいのお礼品を贈っている。

12　公共施設利用団体としてのかかわり

●公民館利用代表者会議……年１回
●ぽぽら春日部代表者会議……３カ月に１回は必ず出席し、他団体との交流を深めている
時間があれば、できるだけ公民館、ぽぽら春日部に顔を出し、館長、所長をはじめ事務担当

者と意見交換をするようにしている。10年以上の活動経験をもとに、少しでも春日部の地域活動がよくなるようにと、いろいろな提言を聞いていただいている。また、毎年12月初旬の土・日曜日に「ぽぽらフェスティバル」が開催され、毎回ブース出展をし、一般市民のできるだけ多くの人に「ハートウェア倶楽部」の活動内容を詳しく紹介している。

13　長期間やっているうちに発生した問題点

倶楽部発足当時は、会員がそれぞれの思いを話すことのできる自由な「話の広場」を目標にしていた。そのためには、会員・外部講師の「講演」によりテーマが決まり、質疑応答を中心に「ハートウェア倶楽部」本来の目的である、皆で自由に話し合う「語る会」にするのを主流にしたいと考えていた。ところが、回を重ねるにつれて「講演会」が主流になってしまい、有名外部講師のときは参加者が多く、会員が講師のときや「スピーチ&ディスカッション」のときは参加者が少なくなる状況が続いている。当倶楽部は「講演会」を主催する会ではなく、あくまでも「語る会」(自由に気楽にお話しをする会)であることを再認識し徹底したいものである。

14　今後の展望

10周年を迎えた際、会員に「ハートウェア倶楽部を継続させるかどうか」アンケートを取った結果、ほとんどが「このまま続けてほしい」という意見であった。「常連会員の高齢化」「スタッフの後継者が育たない」「継続は力なり」「温故知新」いろいろな思いがよぎる中、今までの月例会中心の方法が支持されて10年以上続いている「語る会」。今後も今までの方針を堅持して活動を一歩ずつ発展させたいと考えている。

そのためにも、前述したように、なお一層のスタッフ活動の充実と、相応しい講師の選定に努めたいと考えている。

注記：次ページ以降の「講演会一覧」表に見える講師の氏名について
講師はハートウェア倶楽部の会員に依頼する場合（表の備考欄に〈会員定期〉と記入）と、会員外の方に特別に依頼する場合（備考欄に〈特別〉と記入）がある。会員講師の場合は姓名の姓と名を明記してあるが、特別講師の場合は姓のみを記してある。個人情報の保護の観点からそのようにさせていただいた。ご了承を賜りたい。

ハートウェア倶楽部　講演会一覧（No.1）

回	日付（平成）	講師(内容)	テーマ	備考
1	19.09.23	「ハートウェア倶楽部」発会式		**発起人** :矢島・太陽・平岩・伊藤・米田
2	19.10.21	**坂本氏**	私の人生論	＜特別＞
3		**山崎氏**	春日部市の生涯学習	＜かすかべし出前講座＞
4	19.12.16	**梅沢氏**	年賀状を筆で書いてみませんか	＜特別＞
5	20.01.20	**小澤氏**	人間関係(コミュニケーション)	＜特別＞
6	20.02.17	**赤堀　良孝氏**	交通事故被害者のために	＜会員定期①＞
7	20.03.16	**伊藤　正昭氏**	ハガ木人生と詩生活	＜会員定期②＞
		柳田　文夫氏	私の波乱の人生	＜会員定期③＞
8	20.04.20	**矢沢　清氏**	地域から病気をなくしたい	＜会員定期④＞
9	20;05.18	**米田　道夫**	昭和と平成の教育論	＜会員定期⑤＞
10	20.06.22	**平岩　博氏**	言葉の魅力	＜会員定期⑥＞
11	20.07.20	**太陽　昇氏**	親より有難いものはない親が神様なのです	＜会員定期⑦＞
12	20.08.24	**宮地　守和氏**	築地·神田市場での野菜のオークション	＜会員定期⑧＞
13	20.09.28	**かとう氏**	感動とときめきの人生	＜特別＞**＊一周年記念**
14	20.10.19	**鬼塚氏**	紙とんぼに、夢を託して	＜特別＞
15	20.11.16	**小島氏**	フルマラソンで極限に挑む	＜特別＞**＊ギネスに挑戦**
16	20.12.21	**西村氏**	ありがとうの世界	＜特別＞**＊チャネラー・詩人**
17	21.01.25	**石川氏**	石川春日部市長を囲んで	＜特別＞**＊新春特別　＊倶楽部の歌**
18	21.02.15	**伊藤　正昭氏**	ローソクの灯 人生七転び八転び	＜会員定期⑨＞
19	21.03.15	**矢沢　清氏**	太陽 昇 一代記	＜会員定期⑩＞**＊ラッセルやざわの講談**
20	21.04.19	**資料館館長説明**	粕壁市民俗資料館　見学	＜特別＞
21	21.05.07	**西川氏**	我が人生の2大分岐点	＜特別＞**＊松木女史　お言葉**
22	21.06.28	**楠田氏**	自分の力を確信	＜特別＞**＊ギネス世界記録更新**
23	21.07.19	**宗像氏**	架空・不当請求対処法	＜かすかべし出前講座＞
		平岩　博氏	護身術を学ぼう	＜会員定期⑪＞**＊入間市合気道連盟**
24	21.08.23	**米田　道夫**	人生の岐路・定年退職	＜会員定期⑫＞
25	21.09.27	**かとう氏**	嘆きの人生から楽しみの人生へ	＜特別＞＊二周年記念懇親会
26	21.10.25	**矢島　勝雄氏**	私の現在・過去・未来	＜会員定期⑬＞
27	21.11.15	**坂田氏**	みんなで学ぼう「正しい話し方」	＜特別＞
28	21.12.20	**松田氏**	「母への絵手紙」	＜特別＞　·2009年忘年会
29	22.01.17	**坂田氏**	新春特別「話し方教室」	＜特別＞
30	22.02.21	**柳田　文夫氏**	波瀾万丈FumioYanagida	＜会員定期⑭＞
31	22.03.28	**比留間氏**	陣汰朗に学んだ私の人生論	＜特別＞　講演とスペシャルライブ
32	22.04.25	**平井氏**	天気予報のうらばなし	＜特別＞　soramite.com
33	22.05.16	**生山氏**	原則に基づく実践的健康法	＜特別＞
34	22.06.20	**飛塚氏**	自己創造と独立個人	＜特別＞
35	22.07.25	**酒巻やえ子氏**	知って得する「介護保険講座」	＜会員定期⑮＞

ハートウェア倶楽部　講演会一覧（No.2）

回	日付（平成）	講師（内容）	テーマ	備考
36	22.08.22	鈴木氏	「炎の青春」	＜特別＞
37	22.09.26	樫野氏	論語ライブショー「ピーワンちゃんの寺子屋」	＜特別＞＊三周年記念懇親会
38	22.10.26	太陽　昇氏	親ほど有難いものはない	＜会員定期⑯＞
39	22.11.26	米田　道夫	「交響曲第9番（合唱）」へのこだわり	＜会員定期⑰＞
40	22.12.19	生山氏	原則に基づく実践的健康法　№2	＜特別＞
41	23.01.16	坂田氏	新春特別　「話し方教室」	＜特別＞
42	23.02.20	吉羽氏	「昭和の田舎教師」	＜特別＞
43	23.03.20	田中氏	ゴールは夢の始まり	＜特別＞　病名「固定ジストニア」
44	23.04.17	新川　貞夫氏	みずから創る“いきいき人生”	＜会員定期⑱＞
45	23.05.22	関根氏	ﾄﾗｲｱｽﾛﾝ現役生活を振り返って（仮）	＜特別＞
46	23.06.19	高島　良一氏	私の生い立ちとそこから学んだこと	＜会員定期⑲＞
47	23.07.17	米田　道夫（指導）	『語る会』会員によるSpeech&討論	＜会員による⑳＞
48	23.08.21	金井氏	大東亜戦争以降の日本の歴史	＜特別＞
49	23.09.18	宮城氏	「自然治癒力」 全ては内に、あなたも名医	＜特別＞
50	23.10.16	井浦氏	心豊かに生きる	＜特別・第50回＞＊四周年記念懇親会
51	23.11.20	吉岡氏	血管・血流観察健康チェック	＜特別＞
52	23.12.18	柳田　文夫氏	私の知っている芸能界の裏側	＜会員定期（21）＞
		米田　道夫	イ・ムジチとｳﾞｨｳﾞｧﾙﾃﾞｨの四季	＜会員定期（22）＞
53	24.01.15	坂田氏	『話し方教室』３　ワンポイントレッスン	＜特別＞　**＊新春恒例＊**
		「語る会」Ⅱ	会員によるSpeech&討論	＜会員定期（23）＞
54	24.02.19	カオリ氏	夢について（切り絵の世界）	＜特別＞
55	24.03.18	若田氏	進路を自分で決められる子どもに育てよう	＜特別＞　宇宙飛行士・若田光一氏の母
56	24.04.15	西村氏	言葉の贈り物	＜特別＞　（出版記念）
57	24.05.20	小峯氏	正しく測ろう！家庭の血圧	＜特別＞
58	24.06.17	井上　俊二氏	これからの農業・農業機械について	＜会員定期（24）＞
59	24.07.15	飯山氏	わたしたちのくらしと政治	〈特別〉
60	24.08.19	吉羽氏	わたしの戦争体験記	〈特別〉
61	24.09.16	棚橋氏	二宮金次郎先生から学ぶ	＜特別＞**＊五周年記念懇親会**
62	24.10.21	藤間氏	日本舞踊の美	〈特別〉
63	24.11.25	宮地　守和氏	私の新聞スクラップから	＜会員定期（25）＞
64	24.12.09	柳田　文夫氏	私の見た戦後の満州	＜会員定期（26）＞
65	25.01.20	坂田氏	『話し方教室』4　ワンポイントレッスン	＜特別＞　**＊新春恒例＊**
		「語る会」Ⅲ	会員によるSpeech&討論	＜会員定期（27）＞
66	25.02.17	米田　道夫	私のふるさと　鳥取県	＜会員定期（28）＞
67	25.03.17	楠田氏	走りは楽しむもの	〈特別〉
68	25.04.21	酒井氏	小さな幸せの積み重ね	〈特別〉　高応寺・副住職
69	25.05.19	馬場氏	3・11　をふりかえって	〈特別〉　被爆管理手帳
70	25.06.16	坂本氏	どんなことにも心をこめて	〈特別〉　第70回記念講演

ハートウェア倶楽部　講演会一覧（No.3）

回	日付（平成）	講師(内容)	テーマ	備考
71	25.07.14	**中村　進氏**	私のふるさと　沖縄県	＜会員定期(29)＞
72	25.08.18	**栗林　重夫氏**	安心と満足をお届けする会社づくり	＜会員定期(30)＞
73	25.09.15	**小峯氏**	これであなたも聞き上手に！コンサルタントがそっと伝える話の聞き方・引き出し方	＜特別＞**＊六周年記念懇親会**
74	25.10.20	**星野氏**	豆腐にはじまり豆腐でおわる	＜特別＞　試食
75	25.11.17	**柏原氏**	「笑う門には福来る」、健康に最高です！	〈特別〉
76	25.12.15	**高島　良一氏**	「自律訓練法」	＜会員定期(31)＞
77	26.01.19	**坂田氏**	『話し方教室』5 ワンポイントレッスン	＜特別＞　＊新春恒例＊
		「語る会」Ⅳ	会員によるSpeech&討論	＜会員定期(32)＞
78	26.02.16	**高橋　信衛氏**	人生は楽しく	＜会員定期(33)＞
79	26.03.16	**斉藤氏**	得意なことを仕事にする	〈特別〉　円(まどか)コンサルティング
80	26.04.20	**大坪氏**	活きた水(解離水)とは何か？	＜特別＞　ぽぽら春日部(市議選)
81	26.05.18	**ふじた氏**	「風を読む」	〈特別〉
82	26.06.15	**坂田氏**	人間関係を深める話し方	〈特別〉
83	26.07.20	**「語る会」Ⅴ**	会員によるSpeech&討論	＜会員定期(34)＞(進行　米田　道夫)
84	26.08.17	**林氏**	これからの時代をどう生きる？	〈特別〉
85	26.09.21	**藤間氏**	日本舞踊の美(Ⅱ)	＜特別＞**＊七周年記念懇親会**
86	26.10.19	**林氏**	100歳の顔、100人撮る	＜特別＞
87	26.11.16	**米田　道夫**	「地域活動」とハートウェア倶楽部	＜会員定期(35)＞
88	26.12.21	**成田　勝哉氏**	とりあえずやってみる	＜会員定期(36)＞
89	27.01.18	**坂田氏**	『話し方教室』6 ワンポイントレッスン	＜特別＞　＊新春恒例＊
		「語る会」Ⅵ	会員によるSpeech&討論	＜会員定期(37)＞
90	27.02.15	**麻生氏**	龍馬を愛した人たち	＜特別＞
91	27.03.15	**中村氏**	楽しい仲間づくり	＜特別＞
92	27.04.19	**平山　昴氏**	子供たちから教えてもらったこと	＜会員定期(38)＞
93	27.05.24	**ふじた氏**	「風を読む」(Ⅱ)	〈特別〉
94	27.06.21	**樫野氏**	一休さん(一休宗純)	〈特別〉
95	27.07.19	**矢島　勝雄氏**	ハートウェア倶楽部の あゆみと使命	＜会員定期(39)＞
96	27.08.16	**「語る会」Ⅶ**	会員によるSpeech&討論	＜会員定期(40)＞(進行　米田　道夫)
97	27.09.20	**鈴木氏**	ふるさとの方言で語る民話	〈特別〉
98	27.10.18	**米田　道夫**	古事記と因幡の白兎	＜会員定期(41)＞
99	27.11.15	**神田氏**	日本の話芸　講談の世界	＜特別＞
100	27.12.20	**樫野氏**	古典に学ぶ　人生・ビジネスに成功する秘策	＜特別＞　＊　第100回記念講演
101	28.01.17	**「語る会」Ⅷ**	会員によるSpeech&討論	＜会員定期(42)＞
102	28.02.21	**高島　良一氏**	「食と健康」 ～正しい食事をしていますか～	＜会員定期(43)＞
103	28.03.13	**石山氏**	神に祈りを　人には祝福を	＜特別＞　(里)神楽
104	28.04.17	**小島氏**	知っておきたいマイナンバー制度	＜特別＞
105	28.05.22	**高橋　倫明氏**	私のふるさと　宮城県	＜会員定期(44)＞

ハートウェア倶楽部　講演会一覧（No.4）

回	日付(平成)	講師(内容)	テーマ	備考
106	28.06.19	**石井氏**	私の歩み	＜特別＞
107	28.07.17	**川瀬氏**	社会保障と税の一体改革に向けて	＜特別＞　関東財務局
108	28.08.21	**西村氏**	相撲界を歩んだ道	＜特別＞　特等床山・床安
109	28.09.18	**酒井氏**	医療と連携する スピリッチュアルケア	＜特別＞**＊九周年記念懇親会**
110	28.10.16	**米田　道夫**	450年分40年の思い	＜会員定期(45)＞
111	28.11.20	**藤野氏**	生き生き元気の秘訣	＜特別＞
112	28.12.18	**山口氏**	自己実現と社会貢献の 関係性	＜特別＞
113	29..01.22	**「語る会」Ⅸ**	会員によるSpeech&討論	＜会員定期(46)＞
114	29.02.19	**原田　政幸氏**	私のふるさと　佐賀県	＜会員定期(47)＞
115	29.03.19	**梅澤氏**	もう一度会いたいと いわれる人になる為に	＜特別＞
116	29.04.19	**藤野　信行氏**	私のふるさと　群馬県	＜会員定期(48)＞
117	29.05.14	**久保氏**	お芝居と私～薩摩いろは歌～	＜特別＞（ぽぽら）
118	29.06.18	**内山氏**	おもしろ漢字講座	＜かすかべし出前講座＞
119	29.07.16	**林氏**	人生と浪花節	＜特別＞
120	29.08.20	**野々口氏**	ネット社会の光と影	＜特別＞
121	29.09.17	**井浦氏**	たった一回しかない人生を明るく、楽しく、心豊かに生きる	＜特別＞**＊十周年記念懇親会・藤間浩菊**
122	29.10.15	**清川氏**	エルトウールル号遭難事件 とテヘランの日本人救出	＜特別＞
123	29.11.19	**上田氏**	わたしの生きがい　鼻笛	＜特別＞
124	29.12.17	**「語る会」Ⅹ**	会員によるSpeech&討論	＜会員定期(49)＞
125	30.01.21	**サンタルチア加藤氏**	明るい考え方で人生を 発展させよう	＜特別＞　＊新春特別講演会＊
126	30.02.18	**廣岡氏**	ボランティアとは	＜特別＞　点字サークル
127	30.03.18	**小出氏**	笑顔の介護道	＜特別＞　(株)どりーむ
128	.30.04.22	**赤堀　良孝氏**	人生は一度だけ ～「看取り」親と子の覚悟～	＜会員定期(50)＞
129	30.05.13	**芝　氏**	音楽療法で若返りを	＜特別＞　音楽療法士
130	30.06.17	**有馬　廣實氏**	博物館で生涯学習を ～食と健康を考えよう～	＜会員定期(51)＞
131	30.07.15	**稲見氏**	感謝こそ行動の糧	＜特別＞ウルトラプリント埼玉第一
132	30.08.19	**「語る会」Ⅺ**	会員によるSpeech&討論	＜会員定期(52)＞
133	30.09.16	**平井氏**	埼玉の暮らしと天気	**＜特別＞＊十一周年記念懇親会**
134	30.10.21	**小山　光一氏**	おもしろ漢字教室	＜会員定期(53)＞『卓話の泉』出版記念
135	30.11.18	**宮洋氏**	暮らしとエコ	＜かすかべし出前講座＞
136	30.12.16	**米田　道夫**	科目別雑学のすすめ	＜会員定期(54)＞
137	31.01.20	**野原　洋子氏**	軌跡が奇跡を起こす	＜会員定期(55)＞

地域活動と普通の主婦の成長記

石渡ひかる

はじめに

地域との関わりをもったのは、いつ頃だったでしょうか。

今回の「執筆のお話」をいただき、改めて考えました。

専業主婦の私にとって、「社会とのつながり」はご近所付き合いから始まったのですが、これはまだ「地域活動」とはいえず、姑からの見習い期間としておきましょう。

私の嫁入り先は、古くから町会・自治会活動が盛んで、幸い「○○家の嫁」として地域に溶け込むことができ、ご近所のおばさまたちからも家族同様、さまざまな地域文化を教えてもらえた良き時代でもありました。やがて長男・長女が誕生し母となり、地域に関わりながら、今もこの地で暮らしています。

※個人商店を営む夫の実家に嫁いだ私に、最初に地域活動を教えてくれたのは姑です。当時、姑は自治会の婦人部で活動していて、そこに私を巻き込むことで、身をもって体験する機会を与えてくれました。

家庭教育学級との出会い

私が現在の地域活動の原点としている「家庭教育学級」との出会いは、長男が小学生、長女が幼稚園入園を迎え、少しだけ自分の時間をもつゆとりができた、そんな頃でした。

※家庭教育学級とは、保護者が家庭で子どもの教育をする心構えや、子どもへの接し方、教育上の留意点など、家庭教育上の共通の問題を、一定期間にわたって、計画的に、継続して学習する場であります。（文部科学省ホームページより）

当時、八王子市では、社会教育公民館事業の中で、市内の各地域の集会所や市民センターの会議室等を利用して「家庭教育学級」が開講され、多くの母親たちが月に一度開催されるこの会を楽しみにして集まっていました。年間を通して同じ学級生が集い、共通のテーマについて考え、互いに信頼関係を構築したうえで、家庭生活や子育てについて相談できる仲間として、共に成長していける学びの場でした。

ところが、平成17年度末で、八王子市のすべての「家庭教育学級」事業が長い歴史を閉じることになり、最後のクラスに残った私たちは、この突然の通告に驚き、非常に残念であり、家庭教育の大切さを理解してもらえない虚しさと悲しみでいっぱいになりました。

家庭教育学級自主グループ「若葉」誕生

家庭教育学級最後のクラスで共に学んだ学級生は約20人でした。長年継続的に学級で学ぶ人、卒業していく人、入学する人と、半数程度の入れ替わりがありましたが、思春期真っ只中にいる子をもつ私たちは、「家庭教育学級」をまだまだ必要としていました。

信頼関係というものは簡単にできるものではありません。それは時間をかけて積み上げるもので、家庭教育学級で学んだ時が信頼を生み、この仲間と離れたくないという強い思いをもって、賛同者12名で自主グループ「若葉」を立ち上げました。「若葉」という名は、家庭教育学級の最後のクラスのクラス名をそのまま名づけ、この名にこだわったのも「家庭教育学級は私たちが受け継ぐ」という強い気持ちで結束したからでした。

資金の壁

八王子市の公民館事業から自主グループとなり、平成18年4月に、教育委員会生涯学習スポーツ部学習支援課が管理する八王子市生涯学習センター（通称：クリエイトホール）へ「若葉」の団体登録をした私たちは、今後の運営について話し合いを繰り返し、第一弾として、「子育て講座をしよう！」と一致団結、役割分担をして準備に入ることになりました。しかし、講師を呼ぶことになれば、「謝礼金」、「会場費」、「広報」にかかる費用等をどうやって捻出するかが最大の課題でした。お金はないが、やる気と元気だけが取り柄の主婦の集まりだった私たちは、家庭での不要小物や雑貨などを集めてフリーマーケットを実施し、その売上げ金を元手に企画した初めての子育て講座「子どものやる気を育てる」はクリエイトホールの定員64名の学習室を満席にすることができました。

手探りでスタートして５カ月、定例会４回、臨時集会２回、フリーマーケット１回の活動で、９月に初の子育て講座を開催できたことは、私たちにとって大きな自信になり、メンバーが一つになって創り上げた講座の苦労と喜びが、現在まで続く活動の原動力になったと確信しています。

ノウハウの限界

自主グループになって講座を一つ成功させたものの、これからの継続のために、どうしたらよいのか。そのノウハウをもたない私たちにとっては、今後の運営に不安がいっぱいでしたが、当時はその不安すらわからずに我武者羅に活動を続けていきました（集まって、話し合って、作り上げていく工程を楽しんでいました）。

八王子生涯学習コーディネーター会との出会い

同年（平成18年）、八王子市の「生涯学習コーディネーター養成講座」に参加し、終了後は修了生で結成された「八王子生涯学習コーディネーター会」の第5期生として活動を始め、講座開発のノウハウや助成金申請制度等の存在を学びました。当会員には当時50名もの異年齢、経験豊富で個性豊かな先輩や実力者が多く、会員との交流を続けることで人脈が広がり、同期会でつくった講座をはじめ、チームで体験活動をしていきながら「ノウハウを吸収」し、少しずつではありますが、大きく成長することができました。

※平成28年、八王子生涯学習コーディネーター会はＮＰＯ法人になり、2年後には17期生を迎え、生涯学習フェスティバル、出張体験事業など、市との共同事業を展開しています。

八王子市学習支援委員となって

八王子市教育委員会では、市民の方がたを対象に生涯学習を推進する市民委員の公募がありました。私は「学習支援委員」になって、家庭教育・子育て支援の分野を担当すると同時に、多方面の専門分野の知識や文化、活動実績をもつ委員との出会いを、その後の活動につなげています。学習支援委員は個人の活動以外に、担当事業（生涯学習フェスティバル・青年ライブステージ・研修・広報・総務等）をもち、分担・協力しながら、市と連携しています。

八王子市生涯学習フェスティバルの実行委員としては、検討委員会会議への出席で、標語やポスター決め、出演者や展示作品の決定など、細かなことを決める他、当日の司会・受付案内・誘導等を行ないます。青年ライブステージでは、出演者との打ち合わせやリハーサルに同行し、当日の司会原稿づくりや出演者の誘導係、受付案内等を行ないます。その他、八王子市の成人を祝う会「成人式」当日のお手伝いも全員参加で警備、ご案内、落とし物コーナー、そして成人式参加者の着物着崩れ直し等をします。

※学習支援委員とは、市民の生涯学習の振興を図るため、次に掲げる事項について活動する。①生涯学習活動の支援および相談に関すること　②余暇利用の支援に関すること　③学習情報の収集および提供に関すること　④官公署、学校および生涯学習関係団体相互の連携に関すること　⑤前各号に掲げるもののほか、生涯学習の振興に関すること（八王子市ホームページより）

私の関わってきたボランティア活動

八王子市には、子育て支援ボランティア登録があり、ボランティア活動を通じて知り合った仲間がその後の活動につながっています。とくに子育て支援では、次のような活動を通じて体験・経験を重ねています。

①ブックスタート事業　②チャイルドライン事業　③子育てひろば事業

ブックスタート事業

ブックスタートとは「赤ちゃんに、本と出会い、親しむ機会を贈るとともに、子育てに役立つ情報を伝え、親と子のふれあいのひとときを応援する。赤ちゃんが健やかに育ち、保護者が安心して子育てができる環境づくりに寄与することを目的としている」ものです(八王子市ホームページより)。

八王子市では、月に2回程度、市内3カ所の保健福祉センターで、3～4カ月乳児検診を行なっています。その検診の待ち時間を使って、中央図書館主催の「ブックスタート事業」が行なわれています。

私は、平成20年の事業開始当初からボランティアとして「実演スタッフ」の活動をしています。赤・青・緑の色彩にシンプルな文字と絵が描かれた「じゃあじゃあ・びりびり」(まついのりこ作)のこの絵本を開き、赤ちゃんに話しかけるように「お水じゃあじゃあ～・紙びりびり～」と実演すると、生後3カ月の赤ちゃんが手足をバタバタさせて微笑み、その姿を見てママの嬉しそうな顔を見ることができます。

ブックスタートは、赤ちゃんに「生の声をかける運動」で、自分に話しかけてくれた大人に赤ちゃんが答え、喜びの表情を見せます。安心感と肯定のメッセージを送っているのです。この検診は、出産後、初めての外出という親子も多く、とくに第1子の場合は子育てに関する必要な情報を提供することに努め、八王子市では「子育て家庭を応援しています。」というメッセージを伝えています。

※ブックスタートは、「Share books with your baby」のキャッチフレーズとともに、１９９2年に英国で始まりました。Read books（絵本を読む）のではなく、赤ちゃんと絵本を開く楽しいひとときを分かち合う（share books）そのきっかけを、すべての赤ちゃんのもとへ届けようと始まったこの活動は、第２カ国目として日本が開始して以来、世界各地に広がり、日本では、２０００年の「こども読書年」を機にブックスタートが紹介されました（ＮＰＯブックスタートより）。

チャイルドドライン事業

チャイルドドライン養成講座を受けて、電話相談受けボランティアを約2年間体験しました。活動は、週に2日、夕方6時から9時までの間、指定された場所の電話の前で待ち、チャイルドドラインにかけてきた子どもからの電話を受けます。誰かと話したい子、性の悩みを相談する子、学校でのトラブルや人間関係で悩んでいる子、さまざまな問題を抱える子どもたちから直接話を聞くことで、子どもたちが置かれている生々しい実情を知ることができた貴重な時間でした。

子どもの個人を特定することはできませんが、子どもたちの話をしっかり聞き、受け止めながら、子ども自身が考える時間をもつことにより、それぞれの成長につながることを応援しています。

子育てひろば事業

子育てひろば事業とは、地域の子育て家庭支援のために、保育所、児童館、子ども家庭支援センターや地域子ども家庭支援センターで子ども同士、親同士の交流や仲間づくりの促進、育児講座などの啓発活動、子育てに関する相談を行なう場所です。

八王子市が運営する子育て広場は、0才からおおむね3歳の子どもと保護者が無料で利用できる場所です。子育てひろば事業のうち、現在、市内に6カ所ある子ども家庭支援センターに併設されているのが「親子ふれあい広場」です。また、市内5カ所の地域にあるのが「親子つどいの広場」です。その運営の多くはNPO団体等に委託しています。

私はこの中の一つ、親子ふれあい広場で、2年半ほどスタッフとして参加し、子育ての楽しさ、大変さ、ママの努力や苦労を直接見たり聞いたりしながら、親子とふれあうことができました。ここで感じたことは、ママたちの話をいっぱい聞いてあげることの大切さです。たくさんの情報の中で、どれが正しいのか迷いながらの子育ては、不安でいっぱいであり、大家族だった時代とは違い、たった一人で子育てをしている大変さをわかってあげることや、共感することではないかと思いました。

今では、ＳＮＳでつながったママたちも、「リアル」に会うことができる場にもなっているようです。さらに数多くのイベントやサークル活動などでも自由につながることができます。「パパ会」もあり、子育てパパたちの交流の場の提供にもなっています。

孤立しない子育てのためにも、このような場を「知って」「大変な子育てから楽しめる子育て」になったらいいと思います。

※パパ会とは、２０１０年頃に子育てひろばに参加したパパたちが立ち上げた「ネットワーキンググループ」のこと。子どもを通して知り合った家族が一緒に活動を始め、音楽や共通の趣味を通じて、子育ての時期を「大変だと感じる」のではなく、「今を楽しもう」というものです（「八王子パパ会」を検索、参照してください）。

子ども食堂

平成29年４月時点で、八王子市には、６カ所の子ども食堂がオープンしていました。

平成27年２月に大学生が運営する市内初の「はちおうじ子ども食堂」、平成28年７月、主婦仲間で運営する「ほっこり食堂」、同8月、カフェの休日を利用している「こすもす・だれでも食堂」、同11月、里親ひろばの「ほいっぷ食堂」、平成29年2月、社会福祉法人が運営する「光明八木町食堂」、そして同4月「もとはち東ふれあい食堂」です。

その後、各地にオープンした子ども食堂は、1年後には、約2倍以上に広がっています。全国では約3700カ所運営されているそうですが、地域や場所によって運営方法や内容はさまざまです。私が今スタッフとして関わっている「ほっこり食堂」について少しだけ紹介します。

ほっこり食堂は、平成28年7月にオープンし、スタッフは8名。学校や地域に長年関わりをもち、とくにPTAや児童委員等を経験している、子ども支援をしてきた主婦の仲間で構成されています。ご縁のある方から住宅提供があり、その一軒家を借り、当初は、助成金を申請して備品を購入、スタッフのそれぞれの人脈を活かしながら、多くの人材や技術を取り込んで運営しています。月に2回、第2、第4月曜日の夕方5時から8時まで、食堂を開店しますが、当日は準備のため、お昼を過ぎるとスタッフが集まってきます。

都合で行けないときは臨機応変、お互いに連絡を取り合ってチームワークで乗り切っています。地元農家さんや家庭菜園から届く野菜や穀物類、フードバンクからの提供品など、当日届けられたその食材を見てからメニューを決めるという主婦パワー満載の食堂です。住宅街の一軒家なので、実家に帰ってきたような雰囲気の中、おふくろの味、手作りの「家庭料理」が食べられる場所です。現在のところ、運営はおおむね大人の参加料金と寄付で賄っているため、大人がきて一緒に食べることが、子どもたちへの支援に繋がっています。

オープンして半年で約３５０人、１年で１０００人を記録しました。一日平均は約40名。多い日は64名。大人と子どもの割合はほぼ同数となっています。子どもは友達を誘い、ママはママ友を誘って、口コミで増えてきた親子、家族、ご近所の皆さんが一緒に食卓を囲み、家庭的な雰囲気の中で食事をすることができます。ここでは、単にお腹をいっぱいにするだけではなく、子どもたちがのびのびと話をしたり、宿題をしたり、子育て中のママがほっとできる場でありたいと思っています。新聞・テレビで話題になる子ども食堂は全国で展開されていますが、地域差も大きく、同じ市内でもそれぞれの特徴を活かすことが大事だと思います。子どもから高齢者までの孤食、シングル家庭、共働き家庭の支援に繋げることで、外見からは判断しにくい「課題を抱える子ども」への緩やかな支援の中で成長を見守れる素敵な場だと思っています。地域のボランティアの中には、退職された先生や子育て支援者、地域の民生委員・児童委員、そしてママたちの苦労を知る子育ての先輩たちが集まってきます。いろんな立場の人との大切な時間であるとともに、必要な子どもや家族には適切な対応をしていきたいと思います。毎回、乳幼児を連れてやってくるママが「今日は家に帰ってお風呂に入れば寝られます」「ちゃんと食べてくれないので、いつもイライラして怒ってばかり。でもここへくるとホッとできます」と言ってくれました。

子育ては24時間休みなし。毎日が忙しく追われ、頑張っているママにこそ、実家へ帰った気持ちで、「ほっこり」してほしいと願っています。ほっこり食堂は、高校生までの子どもは無料。大人は３００円。その他は皆さんの寄付で運営しています。

食料品だけでなく、日用雑貨や子ども服のリサイクルも行なって、必要な家庭へ手渡しています。子どもの貧困対策法には、「子どもの将来が、その生まれ育った環境によって左右されることのない社会を実現し、環境を整える」とあります。

地域の大人と子どもが顔見知りになり、みんなの居場所にもなり、子どもたちが安心してくれることのできる場所。地域コミュニティーの活性化や高齢者の介護予防にも貢献できる場でもあります。地域の子どもが「子ども食堂」で育ち、大人になって再び地域に戻り、この思いを時代を超えて社会に還元してくれたら嬉しいと思います。

新聞記事より「子ども食堂とは」を紹介します。

地域の大人が子どもに無料や安価で食事を提供する、民間発の取り組み。貧困家庭や孤食の子どもに食事を提供し、安心して過ごせる場所として始まった。そうした活動は古くからあるが、「子ども食堂」という名前が使われ始めたのは、２０１２年。最近は、地域のすべての子どもや親、地域の大人など、対象を限定しない食堂が増えている。また食堂という形を取らず、子どもが放課後に自宅以外で過ごす居場所の中で食事を出しているところもある。子どもたちの貧困や生活の多様化から、家庭や地域の中で孤立する子どもたちを「食」の面から支えようと始まった取り組みである。

（朝日新聞デジタルより　２０１６年7月2日付朝刊より）

そして今、「子ども食堂」を必要とする時代がやってきました。外見からは判断できない「貧困の現状」ですが、そのしわ寄せは、子どもたちが背負い、その境遇から抜け出せないまま成長して、親になっていくとまた、その連鎖を断ち切ることができないのです。

一つの家庭だけでは解決しない社会問題の中、頑張って働いている親と子にどのように繋がり、どのような支援ができるのか。身の丈にあった支援をしないと、長続きはしないと思っています。

また、地域とどのように関わりながら運営していくのかも、今後の課題であり、重要な責務であると感じています。

理想を言えば、地域が大きな家族となり、地域の子どもは地域で育てる環境が整うことですが、食堂をきっかけにしてもらえればいいと考えます。

PTAで育んだ基盤

子ども2人がお世話になった小学校・中学校でPTA活動に参加し、同学年および異年齢の親との交流から学校情報・子どもの様子などを聞くことができました。また、委員会で一緒に活動した仲間との絆は、子どもたちが卒業した今も途切れることなく続いています。会議に出たり、議事録等の書類をパソコンで作ったり、委員会活動や地域との交流事業を企画・運営することを直接学び、そこで得たスキルが貴重な体験となり、その後の市民活動にも活かされています。

現在も、学校運営協議会委員・青少年対策委員等、学校や地域の行事への参加を通して子どもたちのゆるやかな支援を続けています。

最近は役員の担い手が不足しているそうですが、私の保護者活動として得たものは、人生の宝となっていますので、一人一役でもいいですので、積極的に関わってみると、何かを得るかもしれません。

放課後子ども教室に参加して

数年前から、私は小学校の保護者会の間に子どもたちを見守る活動をしてきました。今は毎週水曜日に開かれている小学校の放課後子ども教室で見守り活動を続けています。

校庭での見守りは、シルバー人材バンクより派遣された「安全管理員」さんがいて、子どもたちは、その中で自由に遊ぶことができます。私は学習支援の見守りとして、子どもたちと関わっています。教室を開放し、宿題をしたい子どもが自主的に勉強できる場の提供です。基本的には、勉強を教えるというより、居場所づくりと安全見守りです。宿題が終わると、将棋をしたり、オセロをしたり、トランプをしたりすることができます。ここでこうして子どもたちと触れ合っていると、一人ひとりの様子がよくわかります。

※放課後子ども教室とは、（朝日新聞より）
放課後や週末に子どもたちの居場所をつくるため、校庭や教室を開放し、地域住民の協力によってスポーツや文化活動ができるようにする取り組み。
［補説］厚生労働省が行なう放課後児童クラブ（学童保育）は共働きなどで親が日中留守にする家庭の

おおむね10歳未満の児童を対象としているのに対し、放課後子ども教室は全児童を対象としている（八王子ホームページより）。

若葉料理グループ誕生

子育て相談の中で、子どもとのコミュニケーションに悩む母親がいました。子どもに手作り料理がまずいと言われ、食事作りが苦痛だと言います。他にも子育て中のママからの料理の悩みが多く寄せられました。

そこで、料理好きなメンバーでチームを組んで、コンスタントに「若葉料理講座」を始めることにしました。この会のコンセプトとして、講師を固定化せず互いに教え合うことで、「わが家のマンネリ、隣のごちそう」と名付け、わが家ではいつも作っているマンネリ料理でも、それを教え合うことで、他の家庭にとっては斬新なものに感じ、違ったメニューのヒントとなるという発想でした。緩やかな楽しみとして、2カ月に一度のペースを守り開催された講座は50回を超えました。

ベテラン主婦を交えての会員登録は50名を超え、徐々に参加者募集をせずに、口コミで定員に達するという運営ができるまでに成長しました。

料理講座の講師への謝礼は一律とし、講師はボランティアからプロまで、メンバーが講師を務めることもたびたびありました。子育ての忙しい中でも、今すぐに必要な料理の基本とコツ、そして子育ての先輩からの経験談を交えながらの交流会となった料理講座は、生涯学習としても発展していきました。

男の料理講座

平成22年より毎年、八王子市男女共同参画センター主催「男の腕まくり」（おおむね60歳以上のシニア男性対象の基本料理）のアシスタント６本。保健所主催「食育サポーター」としてプレママ・パパの料理講座、離乳食講座、夏休みの「小学校親子料理教室」、「男性ビギナーのための基本料理」などに関わり、平成28年には、教育委員会生涯学習スポーツ部学習支援課の市民講座講師として料理講座６本を担当させていただきました。

男の料理講座は人気講座の一つで、毎回2～3倍の抽選で選ばれた20名が参加し、その後は自主活動グループとして、それぞれの運営となり、月に一度の学習交流会として継続しています。２０１０年より毎年1グループが結成され、すでに10年近く活動しているグループも存在します。

料理講座とは、一般的には講師がいて、講師が決定したメニューに添って料理を習う方式ですが、自主活動6年が経過したあるグループでは、平成29年度より講師をたてず「実践料理グループ」としてスタートしました。

多少の経験のばらつきはあるものの、会員から事前に希望するメニューを募集し、教本（市販本）を講師に、予習は自宅で行ない、自主グループの活動当日は、市のセンター等の調理場で腕を振るうのです。常にペアを組み、互いにアドバイスをしながら、主菜・副菜などを分担し、それぞれが2人分ずつ作る方式を取り入れています。

男性たちは、調理実習室を自由に使いながら、一つのメニューに対して、下準備から完成までを一人で作ります。

以前は、グループ作業が多く、工程の一部しか関わらなかった調理の全工程を通して担当することができ、調理技術を習得することができるようになりました。

一人暮らしの方はもちろん、定年を迎えて夫婦2人。奥様が外出しても、自分の食事は自分で作る、自立が目標です。

さらに、「奥様に上げ膳据え膳」計画をプレゼントしたいと張り切っている男性もいます。

私は、このグループに「お世話係」という立場で関わっていますが、一言でいえば、全体の見守りです。

※料理に慣れない男性にとっては、レシピを理解することが第一歩です。予習と合わせて、複数回作ることで、レシピを習得できるようになります。実践料理グループでは、指導されるのではなく、自主的に考えながら実践するため、「わからないことがわかり」、料理に関する質問もたくさん出てきます。基本的な切り方から、計量の仕方、味つけのコツ、組み合わせパターンの応用まで、お世話係の私にとっても学びの多いクラスです。

新家庭教育学級の再開

平成17年末の事業閉鎖から1年半後の、平成19年9月より新家庭教育学級が再開されることになりました。

家庭教育学級への強い思いをもつ私は、「八王子市学習支援委員」として、ひと月に5カ所で開催された学級すべてに参加しました（若葉の会員も各学級生として参加しました）。

新「家庭教育学級」は「思春期子育て応援広場」4学級と、「わくわく子育て応援ひろば」1学級の合計5学級。事前準備等は市の担当者が行ない、私は学級生が安心して参加でき、自分の悩みが話せる場となるような雰囲気づくりを心がけました。

内容は行政が事前に年間スケジュールを立て、毎回、講座・勉強会という形式でしたので、講座終了後に昼食を兼ねて学級生と自主的に話す機会をつくっていきました。

「若葉」の子育て支援活動を継続しながら、平行して、この学級に参加したのは5年半、共に学び、話を聞き、相談を受けてきました。

そして、再び家庭教育学級は終了したのです。

活動の足跡

ここで、若葉の活動実績を紹介します。

「若葉」結成（平成18年4月）

●地域イベント（フリーマーケット）に参加
●子育て講座「子どものやる気を育てる」
●料理講座「挑戦！　本場のカレー」
●料理講座「おはよう！　元気な朝ごはん」
「雪印チーズ工場見学と料理実習」
●出前講座「気になる更年期」
●「信玄餅工場見学と山梨県博物館見学」
●地域イベント（フリーマーケット）に参加
●新家庭教育学級　5学級へ参加（思春期学級は10歳以上の子の親対象）
「思春期応援ひろば」クリエイト学級、川口学級、館学級、南大沢学級、

「わくわく子育て応援ひろば」（10歳未満の子の親対象）
●八王子市生涯学習フェスティバルへ若葉の活動報告展示
●音楽イベント（プロ演奏で）「０歳児ＯＫ！　ＪＡＺＺ・ライブ」
●大学教授とのサイエンスカフェ「心理学、心を科学しよう！」
●子育て講座「そのままの貴女で１００点満点」
●食育講座「食と健康の大切さ」
●調理実習「家庭で本場のインド料理の味を」
●子育て講座「親と学校のコミュニケーション」
●地域イベント（フリーマーケット）に参加
●子育て講座「知らぬ間に子どもを傷つけていませんか？」
●生涯学習フェスティバルにてパネル展示発表
●調理実習「受験生応援メニュー」
●子育て講座「箱庭で学ぶ子育てのヒント」
●地域イベント（フリーマーケット）に参加
●野外学習「いわさきちひろ美術館」見学
●調理実習「夏に嬉しい涼やかメニュー」
●子育て講座「インナーチャイルド」２回連続講座
●生涯学習フェスティバルにてパネル展示発表
●生涯学習講座「知って得する博物館」「博物館から食を学ぶ」２回連続講座
●会員による「赤ちゃんとママが楽しむ手作りコンサート」「エプロンシアター」「絵本の読み聞かせ」

●子育て講座「ノーバディーズ・パーフェクト」６回連続講座
●思春期講座「知り合おう・ルールを決めよう」ファシリテーション
●出前講座「学校給食を知ろう」
●子育て講座・調理実習「食が心を育てる」２回連続講座
●子育て講座「見つけよう！　自分の中の宝物」３回連続講座
「コラージュ・風景構成画など心理学の手法を楽しみながら体験し、子育ての話を聞いていく」
●生涯学習フェスティバルにてパネル展示発表
●地域イベント（フリーマーケット）に参加
●ママのしゃべり場（毎月）
●子育て講座「読み聞かせをプレゼント」
●子育て講座「ソーシャルワーカーに聞く、いじめの感情」
●子育て講座「ケアの必要な赤ちゃんのためのベビーマッサージとタッチング効果」
●国際交流講座「外国人の家族を持つママたちの交流会」
●調理実習「麹菌を使った料理」塩麹・水キムチ・甘酒他
●心理学講座「コラージュで気持ちを楽にしよう」
●絵文字講座「ハガキ大の台紙に絵文字を描く」
●節分を楽しもう「バルーンで鬼を作る」
●栄養講座「子どもに今必要な栄養のお話と調理実習」
●調理実習「カフェ・ランチを作ろう」
●浴衣講座「子どもと一緒に浴衣で花火大会へ行こう」

- 子育て講座「アンガーマネージメント講座」怒りのコントロール
- 調理実習「骨美人を作る食事と生活」
- 子育て講座「ママのためのスマホカメラレッスン」
- 子育て講座「あなたの声かけで子どもが伸びる」
- 着付け講座「お正月や卒業・入学式に着物を着よう」
- 子育て講座「生活困窮者の中の子どもたち」
- アーティストママから習う「バルーン・アート〜さくら〜」
- 調理実習「日本の伝統料理」

これからも、若いママたちのニーズに沿った子育て支援を続けていきたいと思っています。

若葉継続の危機

若葉結成から5年が過ぎた頃、当時、思春期だったメンバーの子どもたちは高校や大学へと成長していきました。当然、親の子育ての悩みや環境も変化していきました。

その頃、私たちは市の「親子つどいの広場」の管理委託運営団体に応募したのですが、力足りずに落選しました。それをきっかけに、会員たちはモチベーションを失い、パートの仕事を始めたり、趣味や家庭の事情を理由にしたりして、一人去り、そしてまた一人、卒業していき、若葉は解散直前にまで追い込まれました。

数名になった会員との話し合いを続けていくうちに、自主グループを立ち上げてから「講座開発」に力が入り過ぎて、自分たちのことを話せる場を失っていたことに気づいたのです。

とにかく、子育て中のママは、誰かに話を聞いてもらいたいという、家庭教育学級の初心に戻り、講座に参加してくれた乳幼児のママたちを会員に迎え、「ママのしゃべり場」を企画しました。ここでは講座開発とは違い、大人数よりも少人数のほうが話しやすい点を考慮し、参加者は10人以下、2時間の枠の中で自由に話をする時間をつくったのです。

赤ちゃんを連れてくるママと子育てに一段落した私たち。世代は違っても同じ子育てママの仲間です。話を聞きながら、「そんなことで悩んでいたこともあったな～」と、ゆとりをもって聞くことができ、ママたちはいっぱい話してスッキリして帰ることができました。ただそれだけのことですが、これこそが家庭教育学級の原点だと私は思っています。

私が子育ての壁にぶつかって、先が見えないときに、「子育てはトンネルのようなもの」と、何気なく言った先輩ママの言葉が胸に響き、気持ちが楽になったことが忘れられません。

私はその恩を胸に、後輩ママにも伝えていきたいと思っています。

「学校に行かず、夜になると遊びに出かけた娘が母になり、立派に子育てしている話」「とても優秀だった子どもが、大人になってから仕事に行けなくなった話」「どんな状況であっても家庭は子どもの港だ」と言った先輩。子どもは必ず成長します。しかし目の前に課題を抱えると、周りも見えなくなり、感情的になり、「自分だけがなぜ？」と苦しむことは、時代が変わっても人類の子育ての共通のものだと思います。家庭教育学級で学んだ親の子は、間違いなく成長すると確信しています。これこそが教育だと私は信じています。

今、家庭教育を見直すときがきました。

個々に違う家庭だからこそ、多様な家庭を知ることができる学級を再開してほしいと願うと同時に、講師からあるべき姿を聞くのではなく、子育ての体験や苦労話を聞ける学級、そこで救われるママたちがいることを知ってほしいものです。

嬉しい報告

以前、各地域での「家庭教育学級」が盛んだった頃の先輩グループのほとんどは、今もときどき集まり、食事会、旅行などで楽しんでいるそうです。市民活動で活躍しているグループや個人も多くいます。子育て支援、教育・福祉と多岐にわたり活躍しているリーダーたちも家庭教育学級の卒業生であると同時に、若葉を卒業していったメンバーも今それぞれ地域の子育て支援で活躍しています。

また、当時、思春期の子どもに悩んでいた母たちから、子どもたちの成長に伴う進学、就職、結婚、孫の誕生などの「幸せな報告」が入るようになりました。

卒業して数年が経ち、久しぶりに嬉しい報告を「聞いてください」と連絡が入ることもあり、「若葉」を続けていてよかったと思うこの頃です。

「まるで実家のようだね！」と笑って、当時の苦労を懐かしく語り合えるのは、今日まで継続できた私の財産です。

若葉後半も月に一度の定例会で「ママのしゃべり場」をして、ときに専門家の先生にも入ってもらいながら、大きな講座ではなく、子育てママの自主講座と、話し合い中心の座談会を継続してきました。

これからの若葉

家庭教育学級に関わって約20年、その後、若葉結成、さらに新メンバーを加え、子育て中のママ・子育て支援をするママのための、「ママも楽しめる子育て講座」を企画、実施しました。

乳幼児連れのママたちから元気をいっぱいもらっている私です。

ＮＰファシリテーターとして

子育て中には、思いどおりにならないこともあります。親として迷うこともあり、学ばなくてはならないこともあります。私は、自分の子育てをしながら、数多くある子育て支援プログラムのほとんどを受け、子育て講座も数え切れないほど参加し、学びました。

しかし、子育てはマニュアルどおりにはならず、正解もないのです。

その中で、カナダ保健省が開発した「完璧な親なんていない」親支援プログラム（Nobody's Perfect＝ＮＰプログラム）に出会い、ファシリテーターの資格を取りました。

移民の国カナダ。親として「あるべき理想」の前段階で必要な「今を肯定する」。内容は、参加者中心プログラムで、目の前にある自分の課題を解決していく。その中で、出会った仲間とのグループとして成長できる姿は、「家庭教育学級」に似て、他とは違う価値観を感じたのです。このプログラムを応用しながら、現役ママたちに伝えていきたいという思いがあります。全国展開しているこのプログラムを実践していく中で出会った「母たち」とのふれあいで、それぞれの経験を活かしながら、お互いに成長していることを実感しています。

※ＮＰプログラムの内容は、「知り合おう➡子どもの安全について➡離乳食・卒乳・しつけ➡ママの感情・家族の協力・子育て情報と話し合い」と続き、一緒に学んできた仲間との絆が深まります。地域での開催を定例化している全国の自治体・市町村では、乳幼児期の親に受講を推奨しています。

地域活動との縁

私は、祖父母、両親、三人姉妹の長女として生まれました。父が長男だったため、私の幼い頃は、叔父や叔母がまだ同居していて、大人に囲まれて育ちました。小学校に入ると、近所のお兄さんやお姉さんが一緒に学校へ行ってくれる「集団登校」の時代でした。中学生になると、子供会のリーダーをしていました。そして就職、結婚をし、実家を離れた私ですが、月日は流れ、父が定年を迎えると、父は地域でのボランティア活動をしていたようです。

老人会や市民センターの住民協議会委員などをして、好きだった「広報活動」を88歳まで継続していました。趣味も豊富で、習字や短歌などに力を入れて、地域でのコミュニティーを大切に育ててきました。

大正15年（昭和元年）生まれで、戦争に行き、シベリアでの捕虜を経て帰国した父が、91歳で亡くなりました。その後、改めて日記やアルバムを見て、28年間も地域活動の実践をしていた父を知りました。

私の成人式にプレゼントしてくれた、４冊の日記帳には、私が生まれる直前から成人までの、父親目線の子育て記録が記されています。

今までの私も、これからの私も、父親譲りのまま、地域活動を継続していくことでしょう。

おわりに

今回、「継続的地域活動の報告」として執筆の機会を与えてくださった瀬沼先生、有馬先生に感謝申し上げます。執筆活動など経験のない私ではありますが、これまでの活動の振り返りをすることができ、その活動をこのような形に残せたことは大変、光栄なことだと思っています。しかし文章の体裁・内容等の未熟さをお許しください。市内外には、たくさんの活動をしている団体があります。その中でご縁をもてた「ＮＰＯ八王子生涯学習コーディネーター会」をはじめ、ボランティア団体に所属することで、たくさんの学びの中から人との交流や情報、知識・体験を得ることができ、時代の変化に柔軟に寄り添いながらも、子育て支援ができることの幸せを感じています。

子育て講座の成果は、数字では表わしにくいのが現状ですが、しかし今も、専業主婦で24時間頑張っているママ、ワーキングママとして仕事も子育ても頑張っているママがいます。今までの経験を活かしながら、ときに伝えながら、普通の主婦の私を成長させてくれた地域活動に感謝して、いつまでもママたちの応援団でありたい私です。

仲間づくりワークショップにおける健康の地域活動

——スーパーボールとラクロスボールを使用して——

久米喜代美

はじめに

ワークショップに出会うまで

人間には普遍的に相反する気持ちがあるといわれている。たとえば、「ケーキを食べたいが太ってしまうので食べられない」などがある。このように、筆者は、子どもの頃の夢にも、教員にはなりたくないと思いながら、学校ごっこでは先生役や、弟にいろいろなことを教えるのは好きであった。一方、普通のモデルではなく喜びを表現できる「踊れるファッションモデル」になりたいと願いながら、身長が足りないことや食事制限があることで諦めてしまう自分がいた。ところが、一歩踏み出せなかった私は、ワークショップとの出会いにより「とりあえずやってみよう。要はやるか、やらないか」が口癖となり変容した。

その頃の仕事はＯＬとして企業で働いていた。仕事は楽しく男女雇用機会均等法が施行されてからは、さらに面白くなっていた。そして、結婚後、産休か退職かと迷った結果、専業主婦だった母のようになりたいと思い退職した。はじめのうちは、子どもを通じた友人も増え楽しく過ごしていた。すると、毎日「○○ちゃんのママ」と呼ばれ、自分としての価値がなくなり誰からも評価されない、社会から置いていかれる不安と、それを解消したいという衝動に駆られていた。

ワークショップとの出会い

そんなときに出会ったのが世田谷区の女性セミナーのワークショップであった。ワークショップとは、協働体験を通じて創造と学習を生み出す場や参加・体験型の学習法と紹介されている。ワークショップのことも知らずに参加したのが、コミュニケーションのワークショップであった。私はこのワークショップに衝撃を受け、この出会いから人生が変容したといっても過言ではない。そのときのワークショップは、参加者同士が他愛のない会話の中から、いろいろな意見を出し合いながらお互いの話に耳を傾ける。すると抱えている悩みや疑問点などを整理ができて、また、主体的に体験することで達成感や一体感が生まれる感覚を味わった。さらに、受動的に聞くのではなく、実際に自らが参加して体験することで、素の自分自身としていられる感覚が心地よかった。この経験から、区の女性セミナーの企画委員として、ワークショップの普及に努めた。

1　ワークショップの意義

自分が変容した参加体験型学習法のワークショップをもっと学びたいと考えた。そして、大学講座やセミナーを受講する中で、とくに興味深かったのが、ボディワークやプレイバック・シアターという心理即興劇であった。すぐにその門を叩き、学び始めて20数年が経った。プレイバック・シアターは、仲間と特定非営利活動法人を立ち上げ活動した。また、ボディワークを学ぶ中、病気にならないために予防の重要性を認識するようになった（ボディワークとプレイバック・シアターの説明は**3**を参照）。

そして、その効果やワークショップのデメリットもしっかりと学びたいと考え、大学院で研究をすることになった。その専門は、健康心理学や身体心理学であり、その理論は、ワークショップを実践するための、自分の強みとして活かすことができて、現在、大変役に立っている。

その後も研究は続き、この報告は、該当するページ末に示されている各注の研究の成果である（ただし注（3）（5）を除く）。実験では、ワークショップやボディワークを行なう前後の参加者の心理測定を行なった。その結果、不安や気分、スキルの改善がみられた。論文では、査読審査があり事実に基づいて執筆しなければならない。そのため個人的なことなどは省かれる。今回は、「自由時間研究会」での数回の発表と日本地域社会研究所の新刊本への執筆の機会が与えられたので、ワークショップへの強い思いと、研究成果を踏まえた実践報告と、８年ほど前から実践しているスーパーボールやラクロスのボールでのマッサージとその成果を報告する。

2　ワークショップの実践の場

ワークショップに出会っていなければ、大学内外の講師業もしていなかった。また、プレイバック・シアターを通して、舞台経験を多数経験した。人前に出ると声が震え、緊張しやすい私は、なぜか数千人を目の前にしても舞台では緊張することはなかった。逆にとても気持ちがよい感覚を何度も覚えた。この不思議な感覚は疑問として残った。

研究でわかったことだが、重要なことは、舞台の前には必ずウォーミングで、役者同士の呼吸合わせや身体ほぐしを行なうことである。呼吸を合わせることは、息が合うというが、息が合うと心地がよい。安心して委ねることができる。また、身体がほぐれていると、心もほぐれ信頼感が生まれる。このことから、ワークショップでは、身体をほぐし、動かして緊張を和らげることを行なっている。また、緊張を和らげるには場数を踏むことも大事である。そのお蔭で現在は緊張することなく、講師業を務めている。

今まで実践を行なった場は、福祉・医療領域、産業領域では、企業での相談業務や研修、小中学校から高齢者大学等の教育領域、幼稚園や小中学校のＰＴＡ、ヨガスタジオ、行政からの依頼等、幅広い領域を担当した。大学教育の中では、12年前から実践していて現在に至っている。その実践は、短いもので一日90分から１２０分であり、連続講座になると８回位から数年というものもある。企画の段階から加わりコンセプトやタイトルを決めるときもあるが、先方からのコンセプトに合わせて、こちらで組み立てるときもある。

3　仲間づくりワークショップの土台

その内容の主な土台になっているのは、①プレイバック・シアターのウォーミング　②ボディワーク　③心理学の理論である。ここから提供するワークショップの前に「仲間づくり」という言葉をつける。さまざまなワークショップがある中で、筆者が「健康づくりは仲間づくり」

を重視していることから、他との差別化を図りたい。研究では「人間関係力向上プログラム」や「身体感覚ワークや人間関係ワーク」を使用しているが、内容は多少の相違はあるが、実質的には同じものである。その手法を紹介する。

(1) プレイバック・シアターのウォーミング

プレイバック・シアター（Playback theatre）とは、対話と分かち合いのための即興劇である。劇には脚本はなく、進行役のコンダクターが、ある参加者の体験してきたある日あの時の出来事を聴き（語る人をテラー）、その場で打ち合わせなしで演じ（演じる人をアクター）、その場を見守る観客が集う〝ストーリー〟によってつくられる心理即興劇場である。[1]

しかし、そこまでの過程にはウォーミングアップを段階的に踏まないと演じることが難しい。そこで〝ストーリー〟に至るまでを活用して、コミュニケーション力の本質的な部分である、人間関係力を高めることができると考えた。[2]つまり、舞台に上がるまでのウォーミングアップ

(1) 久米喜代美　他　プレイバック・シアターの効果に関する研究　―グループアプローチによる気分の変化―日本健康心理学会　第25回大会　平成24年9月

(2) 久米喜代美　他「人間関係力向上プログラム」の介入効果に関する研究―実習のための社会福祉入門の授業から―『桜美林大学心理学研究』第5号　平成27年3月

を仲間づくりに活用する。そのウォーミングアップには、緊張している心と身体をほぐす、参加者同士の相互関係づくり、創造力・直観やひらめきの表現力等がある。

(2) ボディワーク（ヨーガ）

心身に気づきをもたらす方法に、ボディワークあるいはそれに類する各種の身体技法がある。紹介されているボディワークの種類だけで３００以上はあるといわれている。代表的な例を挙げれば、紀元前３０００～２５００年代に始まった指圧、鍼治療、按摩、導引、太極拳、瞑想法、手当てなどの東洋的なものをはじめ、アーユルヴェーダ医学やヨーガ、呼吸療法、催眠療法、種々のマッサージ、ピラティスメソッドやアレクサンダー・テクニック、ロルフィング、ダンスセラピィやフェルデンクライスメソッドなどの西洋で生まれたものがある。(3) これらは、それぞれ異なる文化の中で育まれ、固有の哲学や世界観、身体観があるが、共通しているのが「私たち人間が本来もっている力、自然治癒力を回復させる」という点である。その目的は、それぞれのボディワークによって異なる。

緊張で硬くなった筋肉を深い呼吸法でツボ指圧し、優しく撫で摩る。身体の状態や感覚に意識を向けると、身体の大切さや自己の気づきや他者の受容にもつながる。(4) 誰でも簡単にできるところから、企業研修や企業のカウンセリング業務、各学校の教育領域、高齢者大学などでも行なっている。さらに、子育て中の親を対象とした、こころの健康づくり、仲間づくりとしてのストレス対処法は今後も重要である。

(3) 心理学の理論

ベースに理論がないと、ただのお遊びで終わってしまう。目的やコンセプトはしっかりとなくてはならない。心理学は、人の心や行動を科学的に分析する学問といわれている。一般的な心の動きのメカニズムなどの法則を研究する基礎心理学と、その得られた法則を用いた知識を役に立たせるための応用心理学があり、健康心理学や身体心理学は応用心理学に入る。

健康心理学は「健康の維持・増進に関する心理学的研究、およびその研究成果の専門的応用」であると定義されている。その考え方は、人間の弱い部分、たとえば、抑うつやストレスなどよりも、人間の優れた機能、健康や成長といった機能に着目して、「弱いところを治す」から「良

（3）山口創『からだとこころのコリをほぐそう　身体心理学入門』　川島書店　平成16年

（4）久米喜代美　介護予防を高める高齢者ヨーガの心理的研究─足把持力のエクササイズ─日本健康心理学会第28回大会　平成27年9月

いところを育てる」へ発想をかえて人間を捉えている。

身体心理学の考え方は、「人の心と身体は一つであり、行動（身体）から人間の心を科学的に研究する」というアプローチである。[5] つまり、哲学者のデカルト（Descartes,R）が提唱した、心と身体は別と考える心身二元論ではなく、もともと東洋の思想にあった心身一如が一般的になっている。これは、身体をからだとしてのみ考えるのではなく、心との関係にせまるボディワークと同じ考え方である。

さらに、アドラー心理学の共同体感覚や、カールロジャースのカウンセリング理論などもベースになっている。このように、学問はすべてがつながっているので面白い。

4　仲間づくりワークショップで大切にしていること

セッションの中で常に気をつけていることが、①初期不安を和らげること、②安心安全の場づくり、③話を聴く姿勢、④セッションのつながりと人とのつながりである。

(1) ワークショップの初期不安

ワークショップのデメリットの一つに、対人不安やグループ参加への不安を感じる人は、「初期不安」が開始時期に、最高潮になることである。(6)

筆者は研究誌や学会で、ワークショップにボディワークを用いることで、「初期不安」を低減することを報告している。(7)(8) 身体運動のウォーミングアップは、からだを動かすことで、心で何かを感じる、感じる心を受容することから、メンバー間の親密性を高める効果が期待できる。しかし、ただ身体活動をすればよいということではなく、何をねらいとし、どういう順序「流れ」で実施するかということが重要である。この「流れ」には段階があり、誰でも入れる単純なものから、人間関係構築に至るまでの「流れ」は、「からだ」から「心」へ働きかけることが推測される。(9) このことからも「流れ」を意識したウォーミングアップの構成は不可欠である。

---

(5) 山口創『からだとこころのコリをほぐそう　身体心理学入門』　川島書店　平成16年
(6) 久米喜代美　他　グループワークにおける初期不安低減プログラムの介入研究　日本健康心理学会第24回大会　平成23年9月
(7) 久米喜代美　大学生を対象とした人間関係と身体感覚のプログラムの検討―からだから心へ働きかける取り組み―『桜美林大学健康心理福祉研究』第2号　平成26年4月
(8) 久米喜代美　大学新入生へのグループアプローチ―不安低減プログラムの効果―日本学校メンタルヘルス学会第18回大会　平成28年1月
(9) 久米喜代美　人間関係ワークと身体感覚ワークのプログラムが気分に与える影響―ムーブメントを基本にからだからのアプローチ―日本学校メンタルヘルス学会第17回大会　平成26年1月

(2) 安心・安全の場づくり

このようにコミュニケーション力の本質的な部分である人間関係力を高めるには、「安心・安全の場」の提供をすることが重要である。場づくりには二つの意味がある。一つは一般的に行なわれる物理的要素としての会場設営である。もう一つは、人と人が安心して自己開示や他者理解を行なえる場づくりである。つまり、場づくりは人間関係を構築するチームビルディングの大切な要素の一つである。これは、講師一人で創るものではなく、受講生同士が和み一体になることで、出来上がると考えられる。すなわち、場が安定していると、自然とありのままの素直な自分を表現し、自己受容ができるのである[10]。

(3) 聞かない姿勢と聴く姿勢

「きく」には他の漢字もあるが、異なる漢字を使用するのには意味がある。音や声などが自然と入ってくる「聞く」と、耳と目と心を足して、積極的に「聴く」がある。人の話を聴くことはトレーニングしないと難しいが、聴くことがセッションの進行で重要な一つである。そのために実際に最近あった出来事を「①聞かない姿勢」「②すべてを受け入れる姿勢」「③聴く姿勢」を2人で体感してもらう。①②はカウンセリングのトレーニングでもよく使われている。最初に行なう「①聞かない姿勢」は、思いきり無視をしたり、目を合わさないことをするため、話す側も聞かない側も辛いとの感想がよく挙げられている。しかし、その体験が今後の対応につながる。

その次の「②すべてを受け入れる姿勢」は、非日常なことを言葉にして真剣に受け止めるというものである。たとえば「私は机です」「私は床です」と、一人が言うと相手が「そうなんですね」と、笑ったり否定しないで受け止めるというものである。生きている動物ではなく、「物」の名前が理想である。慣れていない非日常な言葉はときに詰まってしまう。そんなときは、「まだまだありますね」と優しく促してあげる。たとえば、小さな子どもが「僕、大きくなったら冷蔵庫になるんだ」と言ったとき、母親は「人間は冷蔵庫になんてなれるわけないわよ、何を言っているの……」と否定したら、子どもはその後どうでしょうか。まずは「冷蔵庫になりたいのだね。どうしてそう思うの？」と受け止めることが大切である。

最後の「③聴く姿勢」では、少し時間をとって、相手の話を積極的に受け止める聴き方をお伝えして実践してもらう。その土台にあるのが、「相手への興味」をもつことである。ここがないと最後の質問までに至らない。次に、非言語の目線や姿勢、身振りなどの関わり行動であ

(10) 久米喜代美　相談援助における「人間関係力向上プログラム」の効果―構成的グループエンカウンターの学習目標から―日本学校メンタルヘルス学会第20回大会　平成28年12月

る。関わり技法として、うなずきやあいづち、はげまし、繰り返しや言い換えを行なう。すると、お互いに質問と回答のキャッチボールのコミュニケーションが出来上がる。[11]

(4) 人とセッションのつながり

この仲間づくりワークショップは心理劇に通じるものがあり、レクリエーションやゲームとは異なる。ただ楽しい面白いだけに留まるのではなく、ありのままの自分を受容し、他者を理解し、信頼し、他者に貢献する相互作用のある仲間づくりワークショップとして期待できるものと考えた。[12]

その内容は、受講生の年齢や目的によって異なる。それぞれのセッションごとに目的があり、次のセッションへのステップアップの意図もあり、つながりを大切にしている。ワークショップの進行で面白いところは、コンセプトや意図は崩さないが受講生の動きによって内容を変えることができる点である。あらかじめ決めたセッションを行なうのではなく、受講生の様子を見ながら変化させる点がとても魅力的である。そのためには、個人を見ながら場全体を見る洞察力を磨くことや、多くのセッションでの経験が必要になる。さらに、参加意識の低い人への配慮も重要である。このワークショップの醍醐味は、階段を一歩ずつ上がるような組み立てと、受講生の最初と最後の変容を味わえることと、喜んでいただけることを楽しみに毎回進行している。

流　れ	エクササイズ名	種　類	概　　要
今日呼ばれたい名前の記入　挨拶・説明（15 分）			
本日の方向付け（15 分）	ハロー	感受性の促進	誕生日順に並び、両隣の人と今日呼ばれたい名前での自己紹介とその理由
		情報共有	全体で今日呼ばれたい名前の紹介 みんなに知ってほしいこと一言
お互いを知る（15 分）	なんでもバスケット	自己他者理解 類似性の促進	見える共通点と見えない共通点、類似性の効用を使って多くの人と知り合う
アクティベーション（30 分）	見えないボール	信頼体験 自己表現	アイコンタクトを使ってエアキャッチボールで呼吸を合わせる
	マッピング（3 人組）（図 1）	自己他者理解 自己の気づき	出身地・東西南北の地図を作り移動 出身地の共通点を 3 つ探す　全体共有
		信頼体験 自己他者受容	心と身体の地図を作り移動 どうしてその位置なのか共有
グループワーク（30 分）	大切なものプレゼント	自己他者理解 自己表現 創造力	前のセッション（マッピング）の 3 人組の話から、相手の大切にしている物になって布と楽器で表現　全体で共有
クロージング　全体シェア　解説（15 分）			

表 1 仲間づくりワークショップの例（２時間）

5　仲間づくりワークショップの内容

そのエクササイズは他にもあるが、対象者やコンセプトによって内容は異なる。ただし、ワークショップには、終了時間が決められているため、全体共有は長くならないこと、マイクを渡さないことなどに配慮が必要である。

(1) 初対面同士の仲間づくりワークショップの例（表1）

緊張感や不安を取り除くために、共通点にテーマを絞って人間関係を構築していく。たとえば、誕生

(11) 久米喜代美 他『はじめて学ぶ心理学』大学図書出版平成27年
(12) 久米喜代美他「人間関係力向上プログラム」の介入効果に関する研究―実習のための社会福祉入門の授業から―『桜美林大学心理学研究』第５号　平成27年３月

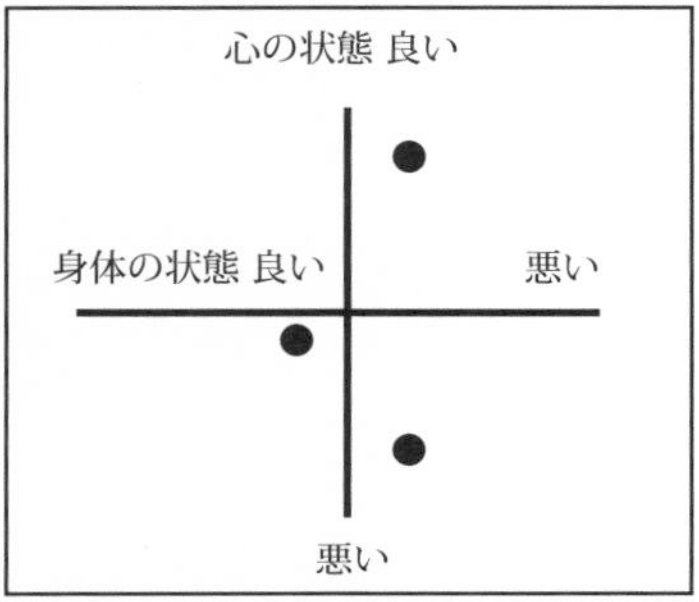

図1　マッピングの例（●は立ち位置）

日順という誰もが共通点から、移動して順番に並ぶと距離が縮まり、ときには同じ誕生日の方も出てくる。そして、2人組での自己紹介から場が和やかになり、全体で共有する頃には、緊張感や不安は和らいでいる。

中盤のマッピングでは、会場に十字の東西南北の地図や、最近の心と身体の状態が良い・悪い場所に動いて、自分の心身に意識を向けていく（図1）。近くにいる方と3人組になるので素直な自分が表現される。最後は、その3人組ローテーションで、大切にしている物になって布や楽器で一生懸命に表現すると、受け取る方はその表現に感動して、次の方へお返しをしようとする。人は何かしてもらうと次はお返しに何かをしたくなるといわれている。この原理を活用して人間関係を構築していく。

(2) 身体感覚・五感を重視した仲間づくりワークショップの例（表2）

人間は、受精卵から細胞分裂して発達し、脳と皮膚は「外胚葉」と

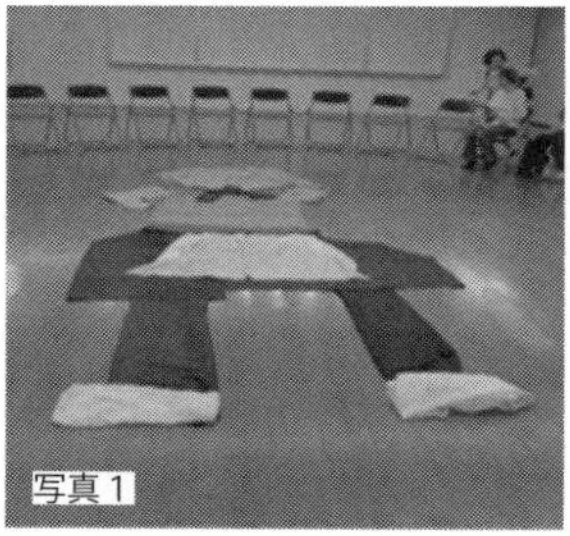
写真1

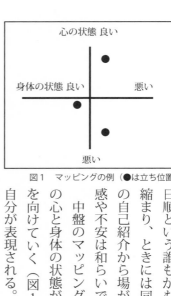

流　れ	エクササイズ名	概　　要
本日の方向付け（15分）	ハロー	今日の自分はどんな動物か。 みんなに知ってほしいこと一言
アクティベーション（15分）	五感を感じてケア	呼吸法を使用しながら、聴覚の耳、視覚の目、臭覚の鼻をケアする。手で身体を触れる。舌を回し、梅干しをイメージして味覚を感じる。
お互いを知る（15分）	好きな五感	好きな五感や気になる五感、その他の6グループにジェスチャーで分かれる。 グループシェア
グループワーク（30分）	芸術人形を作成（写真1）	布を使用した芸術人形を作成。 自分の身体をスキャンして、感謝したい部位や気になる部位にタッチング、近くに3人組でなぜそこにタッチしたのか、感謝する言葉を一言、共有してお互いを知る。
ペアワーク（30分）	演奏者と楽器（イラスト1） ダラダラペアマッサージ	演奏者は楽器役の背中に回りトントンと軽く叩く。楽器役は心地の良い声を出す。力を抜いたマッサージ
クロージング	全体シェア　　解説（15分）	

表２　仲間づくりワークショップの例（２時間）

いう細胞の外側から分化していることから、肌に触れることは脳に触れることと同じ意味になる。肌が触れ合うと、その「触覚」は脊髄を通って脳に到着し、認識を司る中枢神経まで広く刺激する。その結果、オキシトシンホルモンが脳下垂体後葉から分泌される。人に触れられると、ストレス低減物質であるオキシトシンの効果が期待でき、ケアする方も癒され、優しい気持ちになる。人間が生まれて最初に使うコミュニケーションが触れることであり、人が人と絆を結ぶ原点でもある。

ペアワークでは、最初に演奏者と楽器というペアをつくり、演奏者は楽器役の背中をトントンと軽く叩く。楽器は心地の良い声を出しやすくなる。このような遊びから行なうと、いきなり触れることへの抵抗がなくなっていく（イラスト1）。

最後、楽器を仕舞うときには、「きれいにアイロンをかけて、ほこりを取ってしまいましょう」と非日常的なことを促すと、さらに笑いが出て楽しみながら、お互いのコミュニケーションが促進される。また、ペアマッサージで注意することは、決して強く行なわないことや、触れること、触れられることが苦手な方に無理をさせないことが大切である。

イラスト：工藤悠夏　イラスト1

(3) ボディワーク（ヨーガ）を重視する仲間づくりワークショップ

エクササイズとの間にはリラクセーションできる言葉と、呼吸法による言葉かけを行なう。左右の感覚・長さ・重さ・暖かさの違いに、意識を向ける時間を「頸部」「上肢」「下肢」「仰臥位で全身」にとる。骨盤が歪む姿勢を説明してから、眼閉して3つのポイント（鼻呼吸・身体の部位に意識を向けること・頑張らないこと）を教示し呼吸法を行なう。順番は座位の姿勢で頭部、頸部、胸部、背部、上肢、起立位でバランスなどを行ない、座位でフットタッチケアと足把持力を強化したエクササイズを、下肢に行なう。そして、仰臥位でのストレッチとクールダウン、消去動作を行ない感覚の違いなどを確認する(13)（写真２）。

このように、しなければならないではなく、思い出したら手が行く部位をゆったりとした呼吸をしながら「押す・摩る・撫でる」で大切な身体をセルフケアしてほしい。普段意識しない身体に意識を向けて労《いた》わることが、ストレスケアにつながる。

写真２

(4) スーパーボールで足裏と背中マッサージ

おもちゃのスーパーボールであるが、足裏や背中刺激には有効である。しかし、大きさに微妙に違いがある。さまざまなサイズを取り寄せ試した結果、22ミリのスーパーボールが一番足ツボにしっくりとはまる大きさと確信した。足裏には、臓器や各器官、末梢神経につながるツボが集中している。このように全身の反射区があるため、関連するところに刺激が伝わると血

(13) 久米喜代美　高校生と中高年を対象としたボディワークの心理的研究―新規開始者を対象に―日本健康心理学会第26回大会　平成25年９月

写真3

行が促進され、身体の中から温かくなっていき身体の改善が望まれる。また、スーパーボールは手のひらや甲にも有効であり、鎖骨下や腹部、腰にも良い刺激が入る。さらに、一列になって手のひらのスーパーボールを前の方の背中に転がすと、お互いに良い刺激となり相乗効果がある（写真3）。

【進め方】　左右同じに行なう　押すときは呼吸を吐く

①左足母指球の下をまず刺激
②そこから左の小指側に移動して戻る
③土踏まずのあがったところから、左の小指側に移動して戻る
④土踏まず全体に転がす
⑤かかと全体に転がす
⑥足の裏全体に転がす
⑦親指の付け根にある頸椎のツボを刺激
⑧かかとをそのままにして、つま先をワイパーにして5指

の付け根を刺激

⑨ボールをいろいろな足指でつかむ

⑩反対の足でボールをつかみ、足の甲を刺激

⑪両足が終わったら、ボールを左右の足裏に置き、竹踏みのように踏む

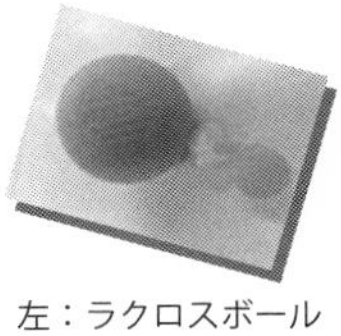
左：ラクロスボール
右：スーパーボール

(5) ラクロスのボールで全身マッサージ

ラクロスとは、クロスと呼ばれる網付き棒を使ってボールを奪い合い、相手のゴールに入れる球技の一種である。この公式ボールを使用する。この大きさが土踏まずにしっくりくる。かなり硬いので体重をかけても可能である。硬いのを好まない方はテニスボールをお勧めする。また、壁を使用してボールを転がすと刺激が入るので力はいらない。ボールを転がすときに、膝の屈伸運動もできる。さらにボールを２つ使用すると、背骨の横をローリングできる。自分自身で行なうため、いつでもできるので、高齢者にはとくに有効であり、肩こりや腰痛の方にはとくにお勧めである。最後は壁に腹部をあてボールを挟み転がすと便秘に有効である。

写真4

写真5

【進め方】 壁の利用

①左右の脇の下のリンパ節をボールで刺激（写真4）
②腕の外側を刺激
③頸椎の左右を刺激
④肩・肩甲骨など背中全体を刺激
⑤腰・仙骨や大殿筋、小殿筋、梨状筋等全体を刺激（写真5）
⑥太ももの外側を刺激
⑦腹部を刺激
⑧土踏まずを刺激、ボールの上に乗る（写真6）

★壁以外にも、仰向けやうつ伏せで利用できる。また、ボールをガーゼなどで包み、顔の筋肉をほぐしたり、頸部リンパ節、鎖骨リンパ節をほぐしたりすることもできる。

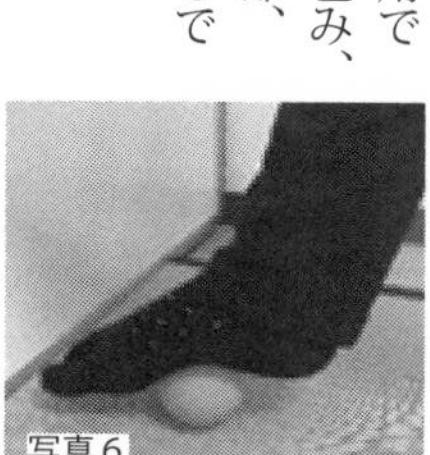
写真6

おわりに

ワークショップを辞書でひくと、「自動車修理工場、作業場、仕事場」と書かれている。最近では、協働体験を通じて創造と学習を生み出す場や参加・体験型の学習法と紹介されている。堅苦しい雰囲気ではなく、いろいろな方とコミュニケーションをとることができるのも、ワークショップのメリットである。このような共同作業は、達成感や理解力が深まることにもつながると考えられる。

私は自動車修理工場という意味に共感した。私たちの心や身体も、ときには修理工場でパーツの交換が必要である。それが自分の目指すワークショップであると確信した。だから私が行なうワークショップは「筆記する」作業はなく、机も使用しない。机があることで安心感が高まるともいえるが、机がないと、ある意味、平らな関係にもなることができるからである。また、自然と受講生の参加意識が高まり、多様な意見の交換から自分の視野が広がると考えられる。これがパーツの交換である。つまり、自分の立場や視点を客観的に見直す機会であり、自分の率直な意見を主張する一方で、多様な人びとの意見を知ることのできる機会である。だからこそ、自分一人だけではないという共感が生まれる。人間関係が希薄になっている現代だからこそ、その必要性を感じている。そして、ワークショップで人生が変容した自分の使命として、仲間づくりワークショップを今後も展開して、地域の健康づくりに貢献していきたいと願っている。

さらに、スーパーボールとラクロスボールを使用した効果研究もしていきたいと考えている。

第3章

学びの実践による人生の充実と、学びの支援

シニアがキャリアデザインを学び、実践する

浦崎道教

はじめに

シニアが集まると、話題の中心は「健康（病気・薬）」「旅行」「お金・年金」である。「生きがい（楽しみや喜び）」を感じるときとは、「孫・家族との団らん」「趣味・スポーツに熱中」「友人・知人とのつきあい」「旅行」が多い。(1) また、65歳の平均余命（日本）は男が19・55年、女が24・38年である。(2)

私は約35年のフルタイムの会社生活を終え、シニアの仲間入りをした。囲碁や旅行が大好きである。しかし、しかし、退職後の60歳を過ぎたころ、これからの約20年をこのような「生きがい」で「老後」や「余生」を過ごすというにはあまりにも長すぎる、と思った。もう一度、新たなことを学び、チャレンジするための時間が十分ある、と思い、キャリアデザインを学び、NPO活動を実践した。本稿はその体験記である。最初に、シニアにとってのキャリアデザイ

ンの必要性、次に、キャリアデザインから学んで得たこと、さらに、学んだことと並行して実践した活動を紹介、最後に今後に向けて私の思いを記した。本稿が同じ世代のシニアの方、これからシニアになる方の参考になれば幸いである。

1　シニアにとってキャリアデザインとは

(1) キャリアデザインとは

「キャリア」については多くの専門家・学者により、似ているが違った表現で定義されている。本稿では、キャリアの定義を文部科学省による、「人が、生涯の中で様々な役割を果たす過程で、自らの役割の価値や自分と役割との関係を見いだしていく連なりや積み重ねである[3]」とする。したがって、「キャリアデザイン」とは「キャリアを築くために自ら設計し、決定すること」といえよう。

(1)「平成26年度高齢者の地域参加に関する意識調査結果」(内閣府)
(2)「平成28年簡易生命表の概況」(厚生労働省)
(3) 中央教育審議会「今後の学校におけるキャリア教育・職業教育の在り方について(答申)」平成23年

(2) なぜシニアにキャリアデザインが必要か

人は誰でも「幸せな人生だった」と最期を迎えたいと思う。古代ギリシャの時代から人は究極的には自分の幸せ（幸福）を求め、アリストテレスによると、「幸せとは善い生き方のプロセス」[4]である。心理学者のカール・ユングは、人生を一日にたとえ、真上の太陽が人の影を反転するように、「人生の正午」が生き方や価値観の転換を示唆し、「人生の午後」を価値あるものとした[5]。

では、「超高齢社会先進国」である日本で、シニアが「善い生き方のプロセス」を「人生の午後」で実践していくために、指針となる理論・考え方があるだろうか。

シニアを対象にした学問分野に、「老年学（ジェロントロジー）」がある。もう一つ、生涯全般に関わる「生涯学習」がある。「生涯学習」とは、文部科学省の「生涯学習の意義」によると、「国民一人一人が、自己の人格を磨き、豊かな人生を送ることができるよう、その生涯にわたって、あらゆる機会に、あらゆる場所において学習することができ、その成果を適切に生かすことのできる社会の実現が図られなければならない[6]」とされている。「生きがい」を「自己実現のプロセス」と考える私にとって、「生涯学習」の視点が役に立つ。「善い生き方のプロセス」を「セカンドキャリア」と解釈して、「シニアにとってのキャリアデザインとは、生涯学習の考えをベースに、セカンドキャリアを自ら設計し、決定すること」と、自分なりに定義した。

2　シニアがキャリアデザインを学んで得たこと

「生きがい」を見つけるためにさまざまな行動を繰り返すのでは時間の無駄になりかねない。具体的に、セカンドキャリアを自ら設計するためにはどうすればよいか、その拠り所となる考えと実践的な手法を紹介したい。

（4）『ニコマコス倫理学』アリストテレス

（5）「人生の午後」の出典には以下の記事を参照。「……上昇によって生じた自分の活動範囲のこの拡大の中に、太陽は自分の意義を認めるであろう。そして最高の高みに自分の最高の目標を見いだすであろう。この信念を抱いて太陽は予測しなかった正午の絶頂に達するのである。正午一二時に下降が始まる。しかも、この下降は、午前のすべての価値と理想の転倒である。太陽は矛盾に陥る。……」http://crd.ndl.go.jp/reference/modules/d3ndlcrdentry/index.php?page=ref _view&id=1000179936

（6）文部科学省　平成18年版『文部科学白書』より

(1) セカンドキャリアを築くために

「幸せ」の意味は人によって違い、裕福な生活、名誉、家族の絆、自己実現など、いろいろである。私がキャリアデザインを学んでいるなかで、自分の価値観に大きなインパクトを与えたのが、心理学者のアルフレッド・アドラーである。アドラーによると、「幸せとは共同体感覚と他者貢献感を持つこと」[7]である。ここで、「共同体感覚」とは、他者を仲間とみなし、そこに自分の居場所があると感じること、「他者貢献感」とは、他の人の役に立っているという感じをもつことである。すなわち、私の幸せとは「仲間づくりをしながら、地域コミュニティに参加することで他者貢献感をもち続けること」である、と考えた。

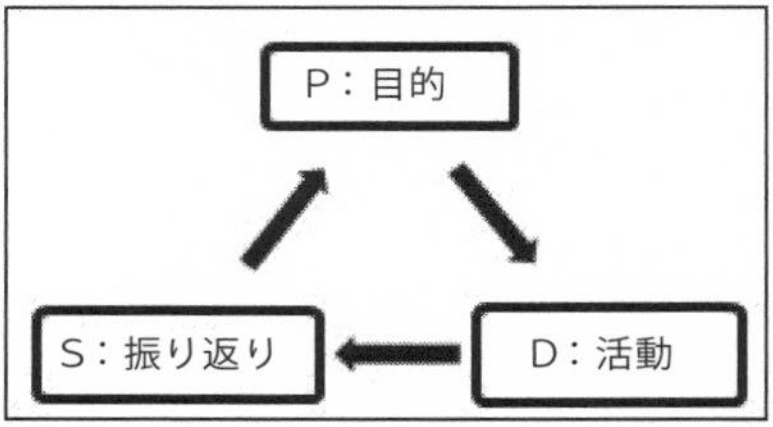

(2) 「人生のＰＤＳサイクル」をまわす

セカンドキャリアを築くためには、「人生のＰＤＳ（Plan-Do-See）サイクル」をまわすことと考えた。ＰＤＳとは、一般に、マネジメント（経営）の視点で、計画（Plan）を立て、実行し（Do）、結果を検証して（See）、次の仕事に生かす、というサイクルを意味する。本稿では、生涯学習の視点でＰＤＳサイクルを捉えなおし、「目的→活動→振り返り」を「人生のＰＤＳサイクル」と名付けた。

①Ｐ：目的（価値）を明確にする

シニアになると、自分はどのようなことを大切にしているかという価値観や、自分の強み（得意なこと）は漠然とでも認識している。しかし、これから何をやりたいか、という目的を見つけるためには、価値観、強み・特技を明確にしておくとよいと思った。これらを明確にするためには、エドガー・シャインの「人生において大切にしたい３つの問い[8]」を自分に投げかけることが有効であると思う。

Ｑ１　何に価値があると感じるか

Ｑ２　できることor得意なことは何か

Ｑ３　やりたいことは何か

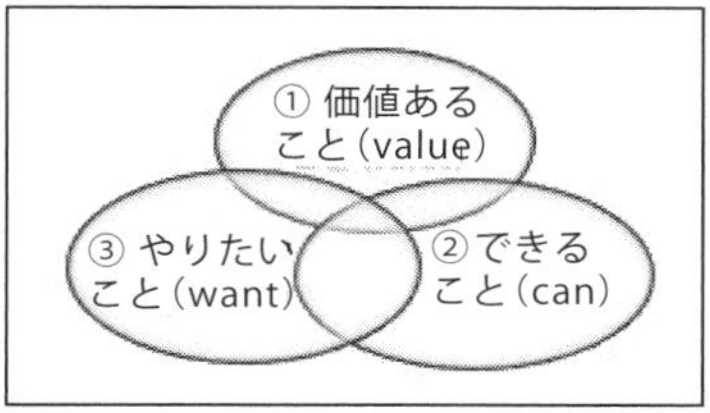

（７）『人生の意味の心理学』アルフレッド・アドラー著、高尾利数訳（１９８４ 春秋社）

（８）『キャリア・アンカー』エドガー・Ｈ．シャイン著、金井寿宏訳（２００３ 白桃書房）

シャインによると、前ページの図の３つの円の重なりが大きくなるようにすることも大切であるという。

次に「やりたいこと」を見つけることに示唆を与えてくれるのが、ジョン・クランボルツの「計画された偶発性理論[9]」である。クランボルツによると、「この変化が激しい時代には、キャリアは予期しない偶然の出来事によって、その80％が形成される」という。キャリア途上におけるそうした不測の転機を「計画された偶然」と逆説的に表現し、それらの予定外の出来事は「望ましいものである」という。その予期しない出来事をただ待つだけでなく、これを実践するために必要な行動指針として、クランボルツは次の５つを掲げている。

- ●「好奇心」―たえず新しい学習の機会を模索し続けること
- ●「持続性」―失敗に屈せず、努力し続けること
- ●「楽観性」―新しい機会は必ず実現する、可能になるとポジティブに考えること
- ●「柔軟性」―こだわりを捨て、信念、概念、態度、行動を変えること
- ●「冒険心」―結果が不確実でも、リスクを取って行動を起こすこと

まず、好奇心が強いものから「やりたいこと」を見つけ、この行動指針をもってチャレンジすることが次のステップである。

②Ｄ：活動（チャレンジ）する

やりたいことが見つかったからといって、やみくもにチャレンジし、活動するのも問題である。家族や生活とのバランスをとることも大切である。また、人生のキャリアを築くためには、富などの有形財産よりも、左図のような無形財産が重要と、ロンドン・ビジネススクール教授のリンダ・グラットンは「ダボス会議２０１７[10]」で述べている。

シニアが、ある団体・サークルに入って楽しく活動するためには、とくに変身資産の人間関係が大切である。前述のアドラーによると、「すべての悩みは人間関係」であり、よい人間関係を築くためには承認欲求を求めず、他者との競争をやめ、メンバーは信頼できる仲間である、というライフスタイルに変える必要がある。では、信頼できる仲間となるためにはどうすればよいか。参考になるのが、ジー

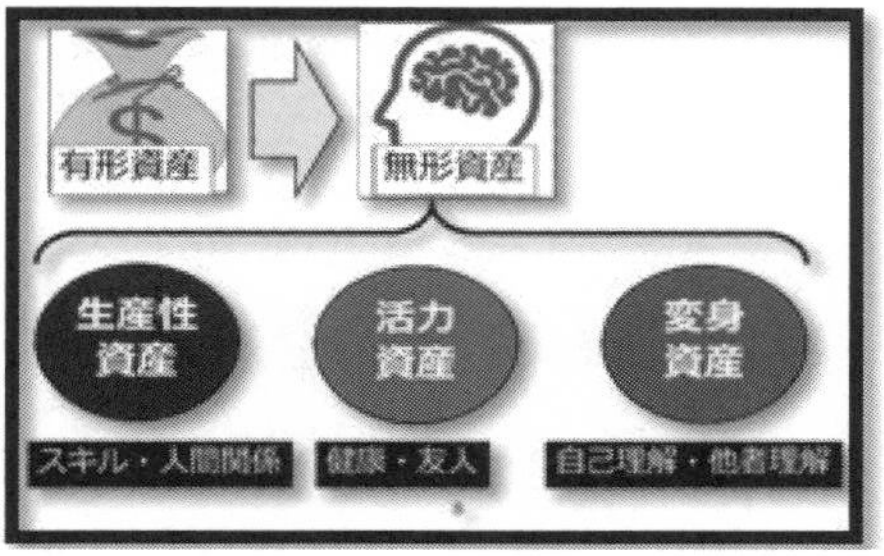

(9)『その幸運は偶然ではないんです！』が参考になる。ジョン・Ｄ．クランボルツ他著、花田光世他訳（２００５ダイヤモンド社）

(10) ＮＨＫのパネルディスカッション「ダボス会議２０１７どう生きる？ 人生１００年時代」からの発言から図解した

ン・レイヴ他の「正統的周辺参加」という学習理論[11]である。「正統的周辺参加」とは、最初は下っ端の仕事をしながら、徐々に「周辺的」な位置から「中心的」な役割を果たすようになっていく姿を「学習」と捉え、下っ端であってもその共同体の「正規メンバー（＝正統的）」である、という意味である。人生の正午はまさに下っ端のときである。周辺的活動からはじめ、貢献することによって信頼され、仲間として認められる。

③S：振り返る

一つの活動を始めると、仲間が増え、情報が増え、さらにもう一つと活動したくなる。数年たつと、入会している団体・サークルの数が片手ではなく、両手の指の数ぐらいになることもある。しかし、やり過ぎると、楽しかったはずの活動が苦痛になり、やめたいときがある。このようなとき、「振り返る」ことが大切である。

「振り返る」とき、参考になるのが、ウィリアム・ブリッジズの成人の発達理論「トランジション[12]」である。ブリッジズによると、「トランジション」とは、心理的に変わることを意味し、内面の再方向付けや自分自身の再定義である。そこには共通するプロセスがあり、どんなトランジションも「終わり」、「ニュートラルゾーン」、「始まり」というプロセスから成り立っているという。人は、次の「始まり」にばかり目を奪われて、何が終わったのかという「終わり」を意識せずにいる。大きな転機であればあるほど、途方にくれたり、虚しい気分になったりといった「中立圏」を経験し、そこから徐々に「新たなはじまり」に向けて気持ちを統合していくことが重要であるという。たとえば、子ども時代から成人という転機では、新しいことが始まるだけではなく、子ども時代の終わりが隠されていることを見出す。人生の午後へのトランジションは深淵なことが進行しており、人生前半を動機づけていた「何かを達成すること」への関心は失われ、それに代わって心理的・精神的な事柄への関心が高まっていく。このようなトランジションに直面しているときに、自分自身に対して以下の2つを問いかけることは、トランジションが何を意味しているのかを見出すのに役立つことだろう。

Q1　人生で、今まさに手放すべきものは何か

Q2　人生の舞台の袖で出番を待っているものは何か

(11)『状況に埋め込まれた学習』ジーン・レイヴ他著、佐伯胖訳（1993 産業図書）

(12)『トランジション』ウィリアム・ブリッジズ著、倉光修訳（2014 パンローリング）

私自身「人生のＰＤＳ」を実践してみると、「Ｐ↓Ｄ↓Ｓ」とはっきりと区切りがついてサイクルがまわるのではなく、ときには重なり合いながら進んでいった。

3　シニアがキャリアデザインを実践する

(1) Ｐ：目的（価値）を明確にする

今までの人生を振り返ると、定年後の自分の価値観は変わったといえる。現在、最も大切にしている価値観（キャリアアンカー）は、「社会貢献」と「ワークライフバランス」である。得意なことと好きなことが一致していればよいが、一致しない場合、私は好きなことを優先している。「社会貢献」とは具体的に「ＮＰＯ活動、とくに教育・学習の分野で役に立ちたいこと」であることがわかった。また、「ワークライフバランス」とは具体的に「仕事（非常勤講師など）、ＮＰＯ活動、自分の健康・趣味、家族・友人との関係など、無形資産を大切にしてバランスをとること」とした。

次に、「社会貢献」としての私の「ＮＰＯ活動」を紹介したい。

(2) D：活動（チャレンジ）する

会社を退職後、残りの時間をどう使うか、ここがシニアとなる私にとっての人生の転機であり、キャリアデザインを考えるきっかけとなった。退職後から現在まで以下の大きな３つの実践活動を、「人生のＰＤＳ」に沿って紹介する。

- 居住している市内を活動範囲とする「市民活動」
- 自分が居住する近隣の「地域活動」
- 市内の子どもやシニアを対象とした「福祉活動」

最初の「市民活動」では、教育・学習の分野という漠然とした思いであったが、定年間近にこの分野にチャレンジしようと思ったのは偶然であり、好奇心からであった。いつもは手に取ったこともない市の広報紙を見て、「生涯学習コーディネーター養成講座」の募集（２０１１年２月から全６回）での記事が目に入った。「生涯学習」という言葉にひかれ、その講座を受講し、当初は何か楽しい活動をしようと思っていた。しかし、受講途中に東日本大震災（３・11）が発生し、１カ月後に再開された講座で、私の意識は変わっていた。最終回の講座で、講師の

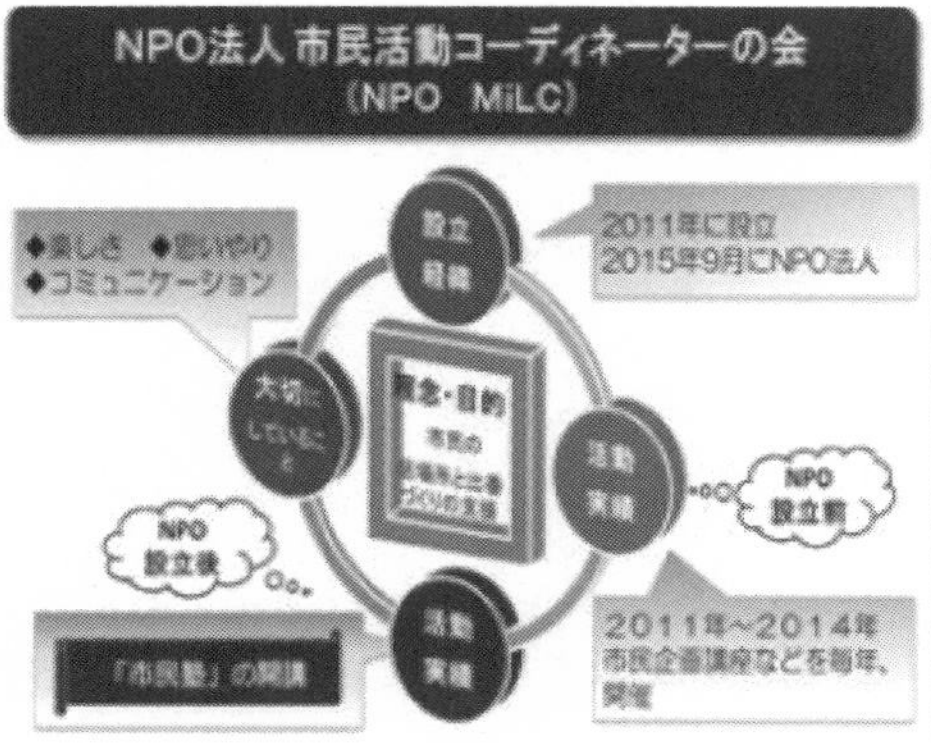

瀬沼先生（桜美林大学名誉教授）から「これから何をやるか」と問われた。私は「生涯学習コーディネーターの会」の設立を受講者に呼びかけ、約20名の有志とともに立ち上げた。２０１５年には「ＮＰＯ法人市民活動コーディネーターの会（略称：ＮＰＯ ＭｉＬＣ）」に発展した。ＮＰＯ ＭｉＬＣは「市民に対して、生涯学習、福祉に関する事業を通じて、地域コミュニティへの社会参加を支援することで、一人ひとりの生きがいづくりに寄与することを目的とする」を基本理念とし、「思いやり、楽しさ、コミュニケーション（対話）」の共有を大切にしている（上図は当会の紹介用チラシ）。現在は、市民の生きがいづくりをめざして、歌、料理、体操などの多分野にわたって「市民塾」をほぼ隔月に開催している。この活動と並行して、「生涯学習」を深く理解したく、市教育委員会「生涯学習審議会市民委員」に応募し、委嘱され、２年間、当審議会委員として参加した。

このような市民活動を続けながら、次にチャレンジしたのが「地域活動」である。私が居住する自治会の副会長を引き受けた。さらに、近隣の小学校校長から当校のスクールボードの地域理事（市教育委員会嘱託）も依頼された。任期の1年間を務めた後、当小学校のボランティアコーディネーター（ＶＣ）として残り、活動した。ＶＣとは小中学校で体験的な授業をしたいとき、地域の方の協力を得るため、その橋渡しを行なう人のことである。たとえば、車いす・手話などの体験学習、農家・お店の見学、地域の老人会との交流、などの授業支援をするため個人・サークル・企業などとコーディネートする。

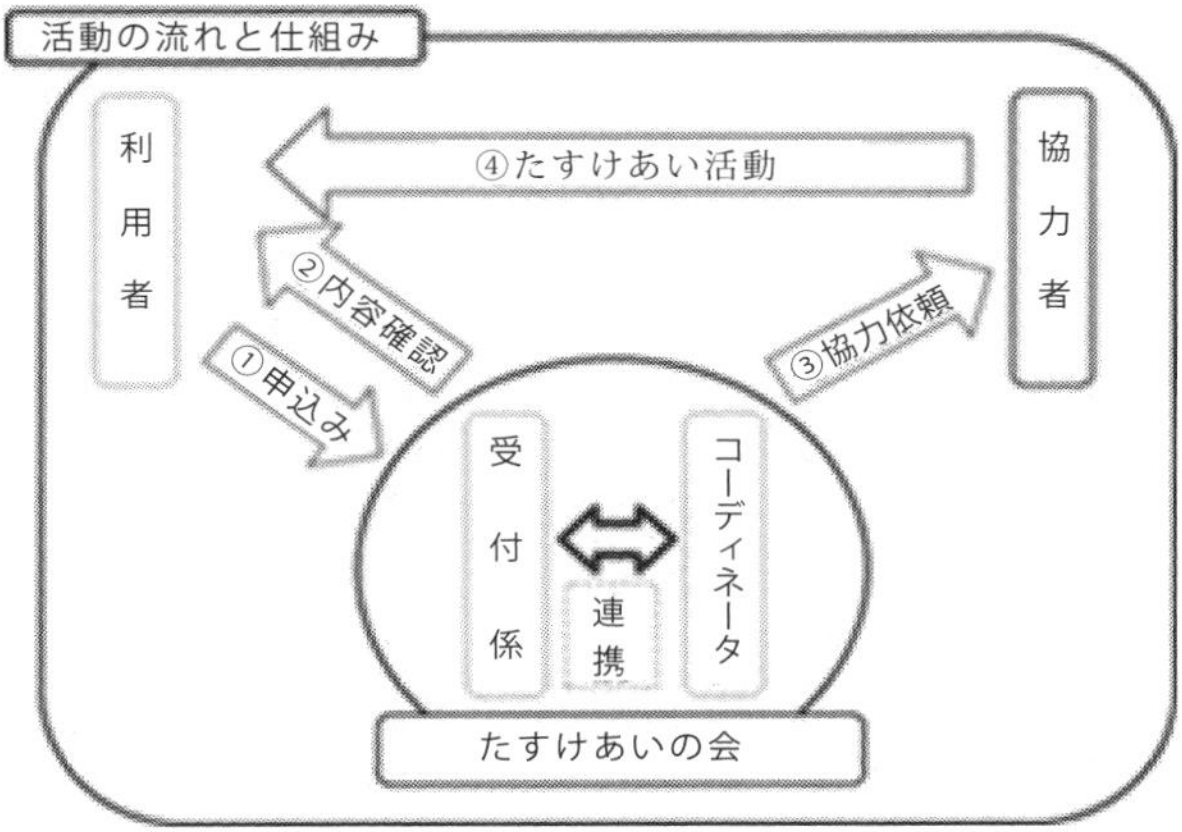

　ＶＣとして約5年、活動したが、現在、子どもたちの居場所づくりのため、「放課後子ども教室」を立ち上げ、活動している。

　前述の自治会活動の経験から、日常的なセーフティネットの一つとして、住民同士の「たすけあい活動」の必要性も感じていた。自分のなかでは、「たすけあい活動」は「地域コミュニティづくり」のきっかけであると考え、

「たすけあいの会」の設立に参加した。当自治会のたすけあい活動は、前ページの図に示すように、たすけあいの会・利用者・協力者が三位一体となった仕組みで、日常生活で困っている居住者に対して、居住者相互がお互い様の気持ちをもって行なう「ちょっとしたお手伝い」により、日常生活を心豊かに安心して過ごされることを目的としている。具体的には、ゴミ出し、家具等の移動、買い物の代行などの利用がある。

三つめは、実践活動としての「福祉活動」である。最初に始めたのが、社会福祉協議会が運営する「子どもの心の悩み相談」の相談員である。小学生から高校生までの子どもが抱えている悩みをメールで相談を受け、相談員が話し合ってＷｅｂサイトで回答する。

「福祉」に関しては知識も少なく、経験も浅い。もっと知見を広めようと、居住する市の「高齢社会総合計画審議会」の市民委員として、高齢者福祉計画および介護保険事業計画の策定などに参画した。しかし、正統的周辺参加の立場で、もっと福祉の現場を経験する必要があると感じている。

(3) Ｓ：振り返り

私の人生の大きな転機は退職であった。退職直後は、待ちに待った、第２の人生の始まりであり、あり余る自由な時間を読書と囲碁で明け暮れた。半年もすると、生活が乱れ、体調を崩した。これではいけない、どうしたらよいか、不安を感じた。そのときに出会ったのが前述の「生涯学習コーディネーター養成講座」であった。この講座は、私自身を振り返る機会を与えてくれた。前述のブリッジズが言うとおり、「第2の人生の始まり」が先にあるのではなく、「会社生活からの退職」で自分の社会的居場所がなくなり、自分の役割が変わったことを最初に認識すべきであった。そして、この講座が「ニュートラルゾーン」で、大切なこと、得意なこと、やりたいことを考える意識変容の場であった。

ＮＰＯ活動を通じて大切と感じたことは、適切なコミュニケーションの取り方である。とくに、私は以下のスキルを向上させることが重要と思った。

①傾聴（相手の話を耳だけでなく、目と心でも聴く）
②アサーション（威圧的でもなく、消極的でもない、率直な表現による自己主張）
③対話（議論・雑談でもない、テーマをもった自由な雰囲気の話し合い）

おわりに

定年退職してからキャリアデザインを学んだ私が、いろいろな活動の場面で、漠然とではあるが、学んだことを試行錯誤しながら「人生のＰＤＳ」を一通りまわして約10年が経った。

今後はもう一度、Ｐ（価値・目的）に戻り、人生の午後を楽しみたい。そして、人生の最後に、私自身を刷新してくれる問いかけ、「何によって憶えられたいか[13]」に答えられるようになりたい。

(13)『非営利組織の経営』ピーター・ドラッカー著、上田惇生訳（１９９１ダイヤモンド社）

通信制大学での学び

高橋幸恵

はじめに

私は大学在学中にアジア諸国を訪れる機会があり、日本とアジア諸国との関係、貧困等、グローバリゼーションの中で格差が進行する事態を目の当たりにした。このような現実についての認識を深め、問題解決のための方策について考えていきたいと思い、大学院に進学した。

大学院では、それまで自分が関心をもっていたことに限らず、多くのことを学んだ。私がアジア諸国で感じたことは日本国内でも見出せることを知った。日本国内でも貧困や格差の問題は生じている。そして、問題が複雑であるがゆえに、一朝一夕には解決ができないということ、解決のための唯一の解があるわけではないということを学んだ。学べば学ぶほど、学んでいかなければならないことがあるということも知った。

大学院の博士後期課程を単位取得退学してからは、一つの学問分野に限定しなければならないという縛りから解放された。必要と関心のおもむくままに学んでみようと思うようになった。

この場合の「必要」とはどういうことか。私の場合は、「関心のおもむくまま」ということに近いものであるかもしれない。仕事上、学ばなければならない分野や取得しなければならない資格があるわけではない。そのような「必要」ではなくて、自分の関心を深めていくために「必要」な関連分野についても学んでいくということである。

そこで、大学の通信制課程に編入学し、学習を始めていった。

1　なぜ「大学」なのか

一つめの大学院の博士後期課程単位取得退学後は、仕事をしながら、大学学部の通信制課程や大学院の夜間課程で学んできた。私にとって、より印象に残っているのは、大学の通信制課程での学習である。

大学の通信制課程には、三年次あるいは四年次に編入学していった。そこで、一～二年間、専門課程で学んできた。

私が、大学院の修士課程を修了、博士後期課程を単位取得退学していることから、知人・友人たちからは、「どうして今さら大学三年次に編入学するのか」と、ずいぶん尋ねられた。いわゆる学歴の階段を順番に上がっていくことを考えると、大学院修士課程を修了した者が学部三年次に編入学することは「逆戻り」と見えていたようである。

けれども私は、そうは考えなかった。異なる学問分野を学ぶのであれば、その学問分野の勉強は、最初からやっていかなければいけないと思ったからである。

たとえば、前に学んでいた専攻が社会学で、次に学んでいきたいのがスワヒリ語だったとしよう。社会学で修士を修了していたとしても、スワヒリ語をまったく学んでいなかったら、大学院のスワヒリ語専攻に進学することは不可能である。もし進学できたとしても、そこでの学びは深いものにはならない。スワヒリ語を初級レベルから学んでいくのは当然のことである。Nakupenda（私はあなたを愛する）さえ知らないのだから。

外国語ほど明確ではないにしても、他の学問分野でも、同じようなことはいえるだろう。その学問分野について自分の知識が十分ではない、学部レベルの学習ができていないのであれば、専門課程に編入学して、その専門分野に関して最初から学んでいくべきではないだろうか。

もちろん、すべて学部の三年次編入から勉強しなければいけないというわけではない。私自身も隣接分野や自分自身である程度、勉強を進めている学問分野については、大学院修士課程から勉強を始めたこともある。

しかし、そうではない学問分野については、学部に編入学をして、最初から学んでいくことを選択している。大学のカリキュラムによっては、三年次編入学でも一年次の必修科目である入門的な科目も履修することになる。取得単位数が増えるが、一年次必修の専門科目から学習していくことで、より容易にその学問分野に入り、学習していくことができたように思う。

これまで私は、教育学、社会学、児童学、経営学、女性学、哲学、倫理学、法学、図書館学、国際コミュニケーション学等を学んできた。学習を重ねていくことで、学ぶことに慣れていき、新しい分野の学習に入っていくのがより容易になっていったように思う。

とはいえ、苦労したこともあった。私にとって難しかったのは、法学であった。法学の論文の書き方は、私がそれまで学んできた学問分野の書き方とは異なっているように感じられた。それに慣れるまでの間は、少し苦労したように思う。

学問分野が異なると、その内容はもちろんだが、そもそもの論文の書き方、註記の書き方といった学問の「お作法」も異なってくる。それゆえに、新しい学問分野の学習を始めるときには、その専門分野を最初から学んでいくことが大切であると私は考えている。

2　複数の学問分野を学ぶということ

複数の学問分野を学ぶということに対して、一般的にはどのように思われているだろうか。私のように複数の分野の学習をしていること自体が珍しいことかもしれない。ときには、「広く浅く」しか学んでいないというように、ネガティブな印象をもたれてしまうこともあるかもしれない。

複数の分野を学ぶということは、本当に「広く浅く」しか学べないということなのだろうか。むしろその逆で、広く学んでいかなければ、深く学んでいくことはできないのではないだろうか。高い富士山の裾野は幅広く広がっているように、深く学んでいくためには広く学んでいくことが必要なことなのではないだろうか。

しかし、この「広く」というのは、並列的に学問の種類を増やすことではない。学んだ学問の数を数え上げていくことは、単に学問を消費しているにすぎない。広く学ぶことは、一つの学問、というよりはテーマを深めていくために必要不可欠なことである。そのような意味で「広く」学んでいくことが必要なのではないだろうか。

そもそも学問というのは、人間が区分した認識の枠組みのことである。しかし、自然界や社会、人間の生きている世界は、人間がつくり出した学問分野によって区分されるものではない。一つの問題、テーマを探究していくためには、さまざまな学問を総動員していかざるを得ない。

私が昔お世話になった先生は、ルネサンス時代の知識人を理想とされていた。「僕の師はレオナルド・ダ・ヴィンチだ」とも言っておられた。ダ・ヴィンチは、絵画をはじめとした芸術以外にも、解剖学、天文学等々さまざまな分野で業績を残している。それにより「万能人」といわれている。私の先生は、そのような方だった。

ところで、ダ・ヴィンチは、さまざまな分野で、別個に、並列的に、網羅的に業績を上げた人物なのだろうか。たとえば、ダ・ヴィンチの絵画は、解剖学や光学、植物学、人相学などの知識に立脚した技法が用いられているといわれている。

ダ・ヴィンチは諸学問を網羅的に学んでいたのではない。諸学問を学ぶことで、一つの専門が深まる、その専門性が高まる、そのような学び方をしていたのではないだろうか。他の分野について学ぶことで、自分の専門性のとらえ方が変わり、深まるような学び方をしていたのではないだろうか。

このように考えてくると、諸学問を学んでいくことは、「博学」「教養の幅を広げる」といったことにとどまらない必然性をもつものになる。諸学問を学んでいなければ、自らの専門性を深めることはできないからだ。

私自身に関しても、今から振り返ってみると、このような関心で諸学問を学んできているように思う。最初に学び、教えることに多くの時間を割いているのは、教育学である。そして、子どもや学生の教師として実践にもかかわっている。その中で常に、人間の成長・発達について考えてきた。社会的な存在である人間の成長・発達は、今日の社会状況に規定されている。それゆえに社会学的な知見が求められる。そもそも人間が成長・発達するとはどのようなことか。それを考えてきたのが哲学、とりわけ倫理学であろう。人間の成長・発達の過程について心理学や児童学からも学んできた。さまざまな種類の学部を卒業していたとしても、考えていることは一点なのである。そして、さまざまな学問分野を学ぶことで、自らの関心のとらえ方に新たな視点がもたらされるのである。

3　学んでいる人々

大学学部の通信制課程や大学院の夜間課程で学んでいると、さまざまな背景をもつ方に出会うことができるというのも魅力的な点である。こちらもやはり、とりわけ、大学学部の通信制課程でそれを感じることが多かった。

大学学部の通信制課程には、本当にさまざまな背景をもった方がいる。もちろん、高校卒業後、すぐに学部一年に入学された方もいる。経済的に厳しい方、学力的に厳しくて希望の大学に進学できなかった方もいた。このような二十歳前後で就学している方もいらっしゃったが、少数派であるという印象である。

私が出会った方の多くは、すでに短期大学や専門学校、大学等を卒業・修了されて学部に三・四年次編入学をされたという方だった。短期大学や専門学校を卒業された方の場合は、大学卒業を目指している方が多かった。すでに大学等を卒業されている方の場合には、大学卒業というよりは教員免許状や保育士の資格等の取得を目指される方、学ぶことそのものを目的にされている方が多かった。

ある大学では、「回遊魚」と親しみを込めて呼ばれている方に出会った。その大学の通信制課程では、複数の学部が設置されていた。彼は、経済学部、法学部を卒業され、文学部で学んでおられた。「経済、法、文学と学べば、とりあえずは一通り文系の学部で学んだという感じがするでしょ」と笑っておっしゃっていた。

教員免許状の取得を目指している方もいた。最初に卒業した通学の大学で中学（社会）、高校（地理歴史・公民）の教員免許状を取得された後、大学の通信制課程で幼稚園、小学校、中学・高校の英語、特別支援学校の教員免許状を取得されていた。別の方は、最初に卒業した通学の大学では教員免許状をまったく取得されていなかった。その後、教師を目指されたことから、大学の通信制課程で、中学（国語・社会・音楽）、高校（国語・公民・音楽）、特別支援学校の教員免許状を二年間で取得されていた。

大学院の博士課程を修了した後、大学で教えているという方にも出会った。大学で教えているとはいっても、最近の大学の状況では、期限付きの採用が多いというのが現状である。五年ごとに仕事のことを考えなければならないという現状では不安が大きいことから、中学・高校の教員免許状を取得して、正規雇用を目指したいという方だった。

幼稚園教諭をされている方にもずいぶんお会いした。短期大学を卒業後、幼稚園教諭として勤めてきた。「今度、園長をやってほしいから一種免許を取ってきてと理事長に言われて、ここに通っているの」とおっしゃっていた。

子育てがひと段落したから、大学で学びたいという方もいらした。私の母もそのような者である。子育てがひと段落してから高校の定時制課程に入学し、卒業後、大学の通信制課程で学んでいた。

がむしゃらに働いてきて余裕ができたから、仕事とは関係のない、昔から勉強したいと思っていたことを学び始めた、という方にもお会いした。社内では部下をもつ管理職であるその方は、趣味で学んできた英語を生かして、英文学を学んでいる。起業して成功し、時間的に余裕があるとのことで歴史を学んでいる方もいる。

特別支援教育や発達障害について学んでいる「お母さん」もいらした。お子さんが発達障害と診断され、発達障害について学びたいと思ったそうだ。お母さんたちが必死に学ぶ姿には、何度も頭が下がる思いがした。今、特別支援学校を除けば、発達障害についてそれほど系統的に学んでいなくても、教師になることができる。発達障害についてほとんど知らない教師がいてもおかしくない、というのが現状である。しかし、発達障害児の多くは、特別支援学校ではなくて通常の学校に在籍している。こんなにも熱心に学んでいるお母さん方のお子さんを、ほとんど専門的に学んでいない教師が担任する可能性もあるのである。

通信制課程では、「スクーリング」といって実際に大学に通学して、対面で授業を受けることがある。スクーリングで出会ったある先生は、通学課程でも教えていらっしゃる方であった。その先生は、「通信で授業をするのは緊張する」とおっしゃっていた。通学課程では学生の背景がある程度、想像できるが、通信課程では、どのような背景の方がいらしているのかわからないから、ということだ。

先に紹介した方がたの背景をお読みいただいているので、すぐにおわかりいただけるだろう。言語学の博士号取得者が英語学の講義を受けていることがある。幼稚園で三十年以上教えている方が保育内容指導法の講義を受けていることがあるのだから。

大学の通信制課程で学んでいる方がたの魅力は、学問的な背景があるというだけではない。社会人として経験も豊富な方が多い。社会で出会ったら、「上司」であろう方と「同級生」という対等な立場で出会うことができる。教師と保護者という立場ではなく「子どもをもつお母さん」として出会い、お母さんの気持ちを率直に聞くことができる。立場を超えて人に出会うことができるというのも、大学の通信制課程の魅力である。

4　通信制大学で学ぶ方がたの学習支援

このように大学の通信制課程にはさまざまな魅力がある。しかし、単位取得や卒業が難しいという現実もある。社会人であるので、そもそも最短年限での卒業を目指しておらず、自分のペースで学んでいきたいという方もいらっしゃるが、最短年限で卒業したいのにも関わらず、できていないという方も多くいらした。後者の方の場合、これは深刻な問題である。不思議なことに、これはいわゆる学力を反映したものではない。学力があっても順調に単位が取得できるとは限らないのである。極端な話、学力の低い方の方が早くに単位を取得して卒業されていくこともある。通信制大学で単位を取得したり卒業したりしていくことは、ある意味では、特別な技術が必要であるのかもしれない。

私自身は、幸い、それほど苦労せずに単位を取得したり卒業したりすることができた。そこで、通信制大学で学ぶ方がたの支援を行なう仕事をするようになった。

最初は、通信制大学にすでに入学したがレポートが書けない、単位を取得することができない、という方に相談、学習支援から仕事が始まった。このような方たちから求められた支援は、純粋に学習に関するものが多かった。レポートの書き方、参考文献の集め方、本の読み方等、学習に関することは何でも教えていった。

しかし、だんだん学習支援を行なっていくうちに、単位取得に直結しない支援が必要になっていることがわかってきた。

手続きの詳細は大学によって異なるが、一般的には最初に「履修登録」が必要である。この履修登録がよくわからない、という方もいらした。

大学の卒業だけを目指している方の場合には、この履修登録はそれほど大きな問題にはならないこともある。しかし、教員免許等の資格取得をめざしている場合には、致命的になることがある。教職免許や保育士資格取得の際に必須となる実習科目を受講したり介護等体験に行ったりする場合には、前年度までに修得していなければならない科目が指定されている場合がある。大学によっては、一科目でも修得できていない場合は、実習先の内諾を得られていても、実習に行けないことになってしまうからだ。このような履修ミスで、多くの単位を修得していても介護等体験に行くことができず、留年をしたというケースもあった。

そこで、レポートの書き方等を教えていく前に、その方の希望をお聞きして、適切な履修を組むことができるように支援することが重要な仕事になっていった。計画的に履修することができ、最短年限での単位取得・卒業に結びつけることができたように思う。

学んでいく側としては逆にプロセスになるが、次に私がかかわる必要性を感じたのは、大学の選択である。

自分で大学を選択して入学手続きを終えられた方は仕方がないのであるが、その方の目的や学習に割ける時間等を考慮して、最善と思われる大学に入学されていない方にも多くお会いした。

とくに最近は、通信制大学が増加してきた。大学によって、取得できる資格はさまざまであるし、学習方法や学習の仕組みもさまざまである。もちろん、レポートや試験の難易度もさまざまである。このような大学の特性を知らずに大学を選択して、入学されてしまった方も多いように思われたのである。

そこで、通信制大学で学びたいと思っている方がたのご希望を聞いて、ふさわしい大学を一緒に探すということもしていくようになった。

そしてさらに、通信制大学そのものを紹介するようにもなった。

私のところに相談にみえる方の多くは、教員免許状や保育士資格等の取得を希望されている。これらの資格取得の方法は複数ある。通学の大学・大学院で取得する、国家試験を受験するといった方法もある。

これらの方法のなかでその方にとってふさわしい方法、実現可能な方法は何であるのかを、一緒に考えていくようになった。その過程で、通信制大学を紹介することも増えていった。

通信制大学は一般の方にとってはそれほど身近な制度ではないようだ。そのため、通信制大学での学びを検討のための選択肢に入れていない方も少なくなかった。

それでも具体的な学習方法を話していくと、他の方法よりもふさわしいと判断される方も多かった。通信制大学が選ばれていないのは、悪いものだからではなく、知られていないだけ、のように思われることもあった。
こうして、通信制大学で学んでいく方にかかわっていくことになった。

5　生涯、学んでいくことが当たり前にできる社会へ

通信制大学で学んでいる方がたの支援にかかわるようになってから、多くの方に出会うようになった。

通信制大学で学ぼうとされている方は、当然のことではあるが、通学の大学では学べない何らかの理由のある方である。仕事をしているので通学ができない、自分の居住地に大学がなく大学入学のために転居ができない、通学の大学の学費が支払えないといったことがその主な理由である。このような理由のために、大学で学びたいという希望がかなえられないというのは、非常に残念なことである。

通信制大学であれば、もちろん完全ではないが、そのいくつかのハードルを下げることができる。時間はかかったとしても、仕事をしながら大学を卒業することも可能である。スクーリングのために遠距離の移動が必要になることもあるが、転居せずに大学を卒業することができ

る。学費も通学の大学よりは大幅に軽減できる。

以前、通信制大学で学ぶ離島居住の方の学習支援を、インターネットを使って行なったことがある。離島を離れられない方の場合、そのことで大学進学をあきらめなければならなくなってしまう。大学進学率は、東京都と離島を多く抱える鹿児島県とでは二倍近い差がある。鹿児島県の離島出身者で大学進学をあきらめる者が多いと聞く。生まれ育った場所の違いで学習の機会が奪われてはいけない。そう思って学習支援を行なっていた。

また昨今、格差社会が叫ばれている中、経済的な理由で大学に進学できない方も多くいると聞く。同様に、家庭の環境で学習の機会が奪われてはいけない。

先にも述べたように、通信制大学には受講生のレベルを反映して、高度な講義を行なっている大学もある。このような大学で学ぶことで、相当な学力をつけることができると思われる。同世代の学生の中だけで学ぶよりも力をつけることができる可能性も十分にある。

日本の社会の質を上げていくためには、一人ひとりの人間の質を高めていく以外の方法はない。「一億総ガキ社会」ともいわれているこの日本の社会を、どうやったら成熟した大人が一人でも多くいる社会にしていくことができるのか。

もちろん、大学での学びだけがその方法だと言うつもりはない。ただ、そのための方法の一つとして、生涯学んでいくことができる社会にしていくことが大切なのではないだろうか。

そのための努力をこれからもしていきたいと考えている。

第４章

活動とリサーチによるコミュニティ理解の拡張

多摩地域「博物館調べたい（隊）」と、その活動経過

有馬廣實

1　はじめに――博物館調べ隊と多摩インストラクター会

「博物館調べたい（隊）」（以下、博物館調べ隊）は、東京都多摩地区生涯学習インストラクターの会の内の数名の会員が集まって、平成26年8月に発足した。「博物館調べ隊」は多摩インストラクター会の中での活動として行なわれているが、その根拠は、同会の会則第4条「本会は、前条の目的を達成するために次の事業を行なう。(1)生涯学習に関する研修会、学習会、見学会、生涯学習展等を実施する。」に基づく。これに従って、博物館調べ隊は、多摩インストラクター会が毎年1回実施する生涯学習展で、各地の博物館を訪問・見学した活動報告の展示を行なっている。

注：東京都多摩地区生涯学習インストラクターの会（平成19年1月25日設立）は、基本的に

東京都多摩地区在住・在勤・在学の、（財）社会通信教育協会認定の生涯学習インストラクターまたは生涯学習コーディネーターの有資格者で構成されている。その活動趣旨は、「既に活動している団体および個人、ならびに、これから活動を目指している団体および個人が、学習を通じて得られた知識・知恵と経験を駆使して、学習の成果を地域社会に還元していくため、相互に連携し、さまざまな生涯学習の推進に関する周知・調査・研修・研究および支援・助言・指導等を行なう」というものである（同会設立趣意書より）。また、資格の有無・居住地区等に関係なく、同会の目的に賛同し、理事会で入会を承認した者も一般会員として活動に参加できる（会則第５条）。

２　博物館調べ隊設立の経緯

多摩インストラクターの会と筆者との関わり（筆者が同会の顧問を務める）の中で、数人の方がたから、現在あるいくつかの学習会の他にもう一つ学習会を結成し、継続的に活動を行なっていきたいとの意向が示され、活動内容を話し合った結果、博物館見学に決定した。メンバーの、多摩地域への関心が強いことから、まずは多摩地域の博物館の見学を進めることにした。

メンバーは多摩インストラクターの会の会員で、皆、長い活動歴と実績をもっている。したがって、見学は余暇活用ではあるものの、強い学習要求のもとでのかなり深い学問的な関心に基づいている。最も強い関心事項は、生活の基盤である多摩地域を深く理解したいということであるが、多摩以外の地域の理解が、多摩地域のより深い理解をもたらすという予測のもとに、現在は日帰りできる範囲で広域的に見学博物館を選定している。またメンバーは、多摩地域の理解の他に、現代社会の問題・課題や産業、科学等にも大きな関心を有している。そのため、見学すべき博物館は郷土博物館や歴史博物館の類に限らず、科学や生産技術の分野にも及んでいる。中には宗教関係の博物館も含まれている。これはメンバーの共通理解となっている。見学は毎月1回（稀に2回）、基本的に第1日曜日に実施している。しかし、企業博物館では日曜日が休館のことが多く、その場合は曜日を変えて実施している。

3　博物館調べ隊の活動の主旨

(1) 地域社会および広範囲の社会の「博物館による学び」を楽しむこと。
楽しみながら学びの範囲を広げ、自己の成長をはかり、生活の充実に資すること

博物館調べ隊の活動は、博物館学や展示物のアカデミックな研究や理解ではなく、古代から現代に至る地域の歴史の諸場面、産業、芸術その他の諸事象に関する知識に接し、生涯学習の観点から、人間の生業（なりわい）とその成果に関する学びを深め、思考を鍛え、学びと生活を楽しみ、充実させることである。博物館での、「世の中に、このようなことやものがあったのだ」という新鮮な驚き。それは通常の常識に反する事柄や、これまでに考えもしなかったことに出会った場合の驚きと同様の驚きであり、それはまた大きな楽しみの要素でもある。

学芸員やボランティア解説員のような、専門性に基づいて研究し仕事をしている方から地域の歴史や地理、文化、産業、人物等に関する説明を聴き、こちらの質問に答えてもらうことは、日常生活の中での通常の会話とは異なる感興を催すものである。

博物館に向かうことは、仲間、新しい学び、見たこと・考えたことのないもの、学芸員、そこで学んだ諸々のことによって変化した新しい自分に出会う等、さまざまな「出会い」が生じる。その一連の出会いのプロセスを予想し、期待すること、そして学習を終えて博物館を出るときには、その予想に合致することもあれば、それとは異なる出会いもあるが、それぞれの驚きも楽しみの要素である。

(2)同行者との交流・コミュニケーション

博物館調べ隊のメンバーは、現役の生涯学習インストラクターであるので、普段は各自の分野で、そこに集う人びとと多様な交流をもち、コミュニケーションをとっているが、それとは別に、1カ月に1回、博物館訪問のために同行の仲間と楽しい時間を共有し、交流・コミュニケーションをもつことは貴重な機会である。同行者との会話は、博物館見学の学習内容であっても、最近の世相、身辺雑事であっても、お互いに大いに刺激になるものであり、次の学習と交流の機会への期待を大きく膨らませるものである。

4 これまでの学習会、見学した博物館

基本的に10時ちょっと前に現地集合。学芸員やボランティアによる解説は10時開始で、通常は約1時間30分~2時間。場合によっては近隣の古民家や遺跡、関連施設等を見学することもあり、その場合は解説が2時間30分程度になることもある。見学後、おおかたの場合は博物館の近隣または最寄りの駅の近くで、参加者全員で昼食をとり、その後、現地の駅で解散となることが多い。

博物館から最寄りの駅までは徒歩またはバスで移動することが多いが、徒歩で移動する場合には、メンバーで周辺のいくつかの遺跡等の歴史的施設や関連施設を短時間見学することもある。平成26年8月に第1回の博物館見学を実施したので、令和2年の9月で6年と1カ月間が経過したことになる。以下に見学した博物館を順に挙げてみる。

2014（平成26）年

1　8月3日（日）京王線府中駅近くの多摩交流センターで打ち合わせ後、府中市立ふるさと府中歴史館（国史跡武蔵国府跡の中）見学および「けやきのしおり作り」などの体験講座も

2　9月7日（日）府中市郷土の森博物館。館の内外を見学。12時30分から、サントリー武蔵野工場見学90分（ザ・プレミアム・モルツ講座、ビール試飲）

3　10月5日（日）多摩交流センター第一会議室にて「食と健康に関する博物館」の学習

4　11月2日（日）八王子市郷土資料館

5　12月5日（日）小金井市の東京農工大学科学博物館本館。当日は養蚕、絹糸等の繊維、多様なタイプのミシンや大型織機などの機械が展示されていた

2015（平成27）年

〈1月は休会〉

6　2月1日（日）　調布市郷土博物館

7　3月1日（日）　武蔵野ふるさと歴史館（2014年12月14日開館）

8　4月5日（日）　くにたち郷土文化館および国立市古民家見学。はけ等地形も観察

9　5月10日（日）　日野市郷土資料館。その後、高幡不動の新撰組まつりを見学

10　6月7日（日）　立川市歴史民俗資料館

11　6月12日（日）　八王子市　オリンパス光学（株）の企業博物館・技術歴史館「瑞古堂」見学。カメラ、顕微鏡、胃カメラ等の展示と発展の歴史

12　7月5日（日）　福生市郷土資料室

13　8月2日（日）　東村山ふるさと歴史館

14　9月6日（日）　中野区立歴史民俗資料館。その後、哲学堂見学及び哲学堂公園を散策

15　10月4日（日）　瑞穂町郷土資料館（けやき館）。この後、隣接する耕心館で昼食

16　10月14日（水）　世田谷区駒沢の駒澤大学禅文化歴史博物館。これは通常の博物館調べ隊の見学行事ではなく、日曜日以外の臨時の博物館見学

17　11月3日（月）（祝日・文化の日）　清瀬市郷土博物館
18　12月6日（日）　青梅市郷土博物館および旧宮崎家住宅見学。この後、博物館近くの「かんぽの宿」で昼食

2016（平成28）年

〈1月は休会〉
19　2月7日（日）　武蔵村山市立歴史民俗資料館。隣接する「かたくりの湯」で昼食
20　3月6日（日）　あきる野市五日市郷土館および旧市倉家住宅見学。その後、市役所出張所近くに建つ、同市出身の看護婦萩原タケ（ナイチンゲール記章受賞、日赤監督）の銅像を見学
21　4月3日（日）　東大和市立郷土博物館
22　5月1日（日）　羽村市郷土博物館。羽村堰（玉川上水羽村取水堰）および玉川兄弟像を見学
23　6月5日（日）　小金井市文化財センター（旧浴恩館）。浴恩館では青年団のリーダーを養成するための宿泊研修講座が行われた。所長は小説「次郎物語」の

著者、下村湖人である。施設内には下村湖人の資料室がある。敷地内の「空林荘」は、湖人および講師の宿舎として使われた

24　7月3日（日）　府中市郷土の森博物館（2015年11月新装により再訪）。あじさいまつり、あじさいの道散策も。その後、サントリー武蔵野工場見学（プレミアムモルツ講座、ビール試飲）

25　8月7日（日）　国分寺市の武蔵国分寺跡資料館。史跡巡り：朱雀コース、武蔵国分寺公園

26　9月4日（日）　杉並区立郷土博物館。ここには準常設展として「杉並文学館」が設けられている。その後、前九年の役の源頼義、後三年の役の源義家ゆかりの大宮八幡宮を見学

27　10月2日（日）　世田谷区立郷土資料館。その後、隣接する代官屋敷を見学。参加者の一部は世田谷城址および井伊直弼ゆかりの豪徳寺を見学

28　11月6日（日）　新宿区立新宿歴史博物館。その後、近くの消防博物館を見学

29　12月18日（日）　稲城市郷土資料室（複合施設「ふれんど平尾」〈旧小学校校舎〉2階）

２０１７（平成29）年

30　１月24日（火）三鷹市の中近東文化センター。その後、近くの国際基督教大学博物館「湯浅八郎記念館」見学。主な収蔵品は湯浅博士によって蒐集され、大学に寄贈された各地の民芸品、およびＩＣＵ構内に散在する遺跡から出土した先土器時代から縄文時代にかけての考古遺物、その他の美術品、歴史資料など。さらに、三鷹市の国立天文台を自由見学

31　２月５日（日）町田市立博物館および近隣の史跡を合わせて見学。その後、町田市立自由民権資料館を自由見学

32　３月５日（日）多摩市の旧多摩聖蹟記念館

33　４月２日（日）川越市立博物館。小江戸を散策

34　５月７日（日）北区飛鳥山の３つの博物館を連続して見学する。①渋沢史料館（含む晩香盧《ばんこうろ》、青淵文庫）②紙の博物館（王子製紙）③北区飛鳥山博物館

35　６月４日（日）小金井市の都立江戸東京たてもの園。園内には建物以外の古代遺跡もあり

36　７月９日（日）大田区立郷土博物館。多分野の展示の中でも、大森貝塚のモース、海苔の養殖、馬込文士村等の展示があった

37　8月6日（日）　府中市のＪＲＡ（日本中央競馬会）競馬博物館。その後、サントリー武蔵野工場（ブルワリー）見学および試飲

38　9月3日（日）　品川区立品川歴史館。その後、大森貝塚遺跡庭園（品川区大井、大森駅から徒歩5分）およびモース銅像見学、大森貝墟碑（大田区山王、大森駅から徒歩3分）見学

39　10月1日（日）　神奈川県相模原市立博物館。その後、近隣のＪＡＸＡ（宇宙航空研究開発機構）相模原キャンパスで、ロケット原寸模型自主見学

40　11月5日（日）　板橋区立郷土資料館。その後、板橋区赤塚の赤塚山乗蓮寺の「東京大仏」見学

41　12月3日（日）　川崎市高津区の大山街道ふるさと館。大山街道散策、岡本かの子記念碑等見学

2018（平成30）年

42　1月14日（日）　千葉県松戸市立博物館。敷地内竪穴住宅も見学

43　2月11日（日）　千葉県市川市立市川歴史博物館、市川考古博物館および堀之内貝塚

見学
44　3月11日（日）　西東京市郷土資料室。ここには渋澤敬三の民族学博物館、アチック・ミュージアムに関する展示もある。市内には大規模な縄文集落の下野谷遺跡がある（一部会員は後日遺跡を見学）
45　4月1日（日）　港区の旧芝離宮恩賜庭園見学。その後、同区の浄土宗総本山増上寺（含む宝物展示室、徳川将軍家墓所）見学および芝公園散策
46　4月15日（日）　文京区の六義園散策。その後、近隣の東洋文庫ミュージアムを見学
47　5月20日（日）　江東区の中川船番所資料館、近隣街歩き（塩の道、大島稲荷神社など）
48　5月24日（木）　港区の赤坂迎賓館（正式名称：迎賓館赤坂離宮）見学。上智大学6号館ロビー（上智大学の歴史）および聖イグナチオ教会（大聖堂、ザビエル聖堂、マリア聖堂）自主見学
49　6月3日（日）　埼玉県、朝霞市博物館。その後、隣接するあずま屋・遊歩道を経て、東圓寺見学
50　7月1日（日）　墨田区のJT（日本たばこ産業）企業博物館「たばこと塩の博物館」
51　8月10日（金）　小平市の企業博物館ブリジストンTODAY（タイヤとゴムの博物館）

52　9月2日（日）　神奈川県立歴史博物館。この博物館の旧館は元横浜正金銀行本店
53　10月14日（日）　小平市の、東京ガスの企業博物館「ガスミュージアム」（ガス資料館）
54　11月18日（日）　昭島市の、フランスベッドの企業博物館「家具の博物館」。フランスベッド展示会場入口の仏像見学の後、ベッド等の製品を見学
55　12月2日（日）　横浜市歴史博物館。近くの遺跡公園（大塚・歳勝土遺跡）も見学
56　12月14日（金）　江東区の豊洲散策。ボランティアによるガイド。その後、近隣のＩＨＩ（石川島重工業）展示室見学

2019（平成31・令和元）年

57　1月13日（日）　港区立郷土歴史館。同館は歴史的建造物（＝旧公衆衛生院）であり、博物館施設以外の個所も見学。その後、隣接する東京大学医科学研究所付属病院の外観を見学
58　2月10日（日）　文京区の、凸版印刷の企業博物館「印刷博物館」見学およびＶＲ映像鑑賞。館内の工房にて印刷体験（50分間）
59　3月24日（日）　埼玉県、飯能市立博物館。帰路、飯能市指定有形文化財「店蔵絹甚」

の店内見学

60　4月7日（日）足立区立郷土博物館。この日は地域の桜祭りで、葛西用水に沿って延々と植えられた桜並木が満開であった。また町内会ごとの住民による踊りの行列を見学。博物館庭園内の臨渕亭の茶席で抹茶をいただく

61　5月5日（日）日野市立新選組のふるさと歴史館。令和に改元されて初めての見学日。近藤勇、土方歳三、戊申戦争等に関する貴重な学習となった。その後、同館の分館である日野宿本陣跡、新選組隊士の佐藤彦五郎新選組資料館、観光案内所と資料館を兼ねた日野宿交流館を見学した

62　6月2日（日）埼玉県、狭山市立博物館。レストラン・ニックスで昼食。ここはかつて米軍のジョンソン基地の駐留軍人やその家族を対象にしたレストランであった。その面影が残っている

63　7月14日（日）墨田区のスカイツリータウン・ソラマチ9階、公益財団法人通信文化協会の「郵政博物館」

64　8月20日（火）多摩市の、ジューキの企業博物館「ミシン博物館」

65　9月1日（日）豊島区郷土資料館。その後、池袋消防署防災館での見学と地震体験

66　10月20日（日）千葉県、船橋市郷土資料館。その後、津田沼駅前の千葉工業大学の旧陸軍演習地の正門を見る
67　11月17日（日）白根記念渋谷区郷土博物館・文学館。その後、国学院大学博物館見学
68　12月15日（日）千葉県、船橋市のサッポロビール千葉工場内「千葉ビール園」見学と試飲
その後、千葉港係留の南極観測船「しらせ」を見学（66回の見学の際の予定を延期して今回実施）

2020（令和2）年

〈1月は諸般の事情により中止〉
69　2月2日（日）江戸川区東葛西の地下鉄博物館
〈3月から8月までは、新型コロナウイルスによる感染を避けるため、見学中止〉
70　9月6日（日）豊島区目白の「切手の博物館」
（毎回の博物館の選定および学芸員の解説等のアレンジは、すべてメンバーの石原治雄氏によるものです。石原氏のご尽力に心より感謝いたします。）

5　学習成果の概要

(1) 博物館巡りの基本的考え方の明瞭化

博物館は人生を豊かにする「総合知」の入門施設である。「総合知」(多方興味による学習の成果としての、人生、社会、学問の理解と認識の深まり)は単発的な学習ではなく、継続的学習によってのみ得られる。博物館見学の意味の理解も、少数の博物館見学ではなかなか得られない。博物館見学の深い意味を発見し、生涯学習を実質的なものにするためには、多様な博物館を訪問・見学し、その前後においてそれぞれの博物館の展示物の意味の関連性を比較しながら見学する必要がある。その学習の結果として、この活動のもつ意味が理解されてきた。

この博物館調べ隊には、博物館や地域、歴史等に関する専門家はいない。その平等感により、思っていること、考えていることが、何にもこだわることなく自然と口に出てくること、躊躇や遠慮をする必要がないことが、毎回の安心感や楽しみ、そして学習意欲に通じていると思われる。

(2) 知らないことの多さの認識と、生涯学習の必要性の認識

博物館を見学した後には、自分の知らない知識や歴史が圧倒的に多く存在していることに驚かされる。その結果、一層の学習や修行が必要であるという認識や感慨をもつこととなる。この生涯学習、生涯修行の必要性を毎回新たに意識することも、博物館見学の意義や重要性および楽しみの一つである。

(3) 実物と直面することの重みの実感

一説によれば、博物館にとって重要なのは展示物に関する「情報」であり、展示物が唯一の本物である必要はないとの見解もあるが、しかし、学習の対象として実物を直接目にすることは、大きな重要性をもつものと思われる。実物は何物にも代えがたい貴重な資料であり、それを見たときの感動も大きい。その重要性は金額に換算した際の多寡とは関係がない。その感動は、貴重なモノ（実物ないしは精巧に作られたレプリカ）が目の前にあるという感動とともに、その貴重なモノを今日まで守り伝えてきた人びとの、文化財の継承に対する熱意と責任感・義務感への感動と敬意、感謝の念でもある。博物館の存在の重要性の一つは、資料の収集・保存や研究の一方で、見学者に、この、文化財の継承に対する熱意と責任感・義務感への感動と敬

意、感謝の念を起こさせてくれることではないだろうか。

(4) 地域を理解するための基礎的認識の習得

古来、日本ではさまざまな自然災害に苦しめられてきた。人びとはそれらの災害と果敢に戦い、生産・生業を継続してきた。これらの事実は、通常の都市生活を行なっている一般市民として、学校教育等で受けた「一つの知識」としては知ってはいたが、それを実現させた苦労を実感を伴って認識してはいなかったと言わざるを得ない。それが、博物館見学を重ね、展示を見て、その解説文を読み、学芸員の説明を聴くという学習を継続する中で、地域を理解するには、地理的、自然環境的な実態とともに、人びとによる環境への働きかけ（困難な治山・治水や道路工事、架橋、鉄道敷設、建物のスクラップ・アンド・ビルド等）が今日の便利な世の中をもたらしたということを、実感を伴った認識として得ることができた。

(5) 学芸員と解説ボランティアの重要性の認識――「百見は一聞に如かず」

展示物を観たり、解説文を読むだけでは適切な理解に達しない。学芸員やボランティア解説員の話し（解説）を聴くことが重要である。「百聞は一見に如かず」というが、一方「百見は一聞に如かず」も、もう一つの真実である。学芸員・解説者との対話・質疑応答は非常に重要である。それにより新しい知見を得て、古い知見の不明瞭な点を修正し、誤りを訂正することができる。博物館見学者は、学芸員やボランティア解説員の説明を経由して、歴史学その他の学問の進歩の成果を享受することができる。

(6) 展示物を「見ること・読むこと・聴くこと」の学習から、さらに「体験による学習」の重要性の認識へ

通常の博物館の見学・学習は、展示物を見て、その解説を読み、学芸員やボランティア解説員の説明を聴くことにより、とりあえず完了する。しかし博物館によっては、その展示物(たとえば、養蚕、製糸、染色、機織り、製紙、埴輪製作、製茶等の道具・機械)に関わる技術や生産手段・方法等を体験させてもらい、初歩的ながらその技術を学習することにより、展示物そのものやその所在する「地域」に関する理解が一層進むことになる。同時に、技術の指導にあたる学芸員やボランティア解説員との交流が行なわれる。この場合は、見学者は、モノ(展示物)と人による教育効果を相乗的に享受することになる。

たとえば、八王子市郷土資料館では、地域の伝統的な絹織物産業を支えてきた機織り機を展

示しており、これを実際に見学者が使用して機織りの技術の初歩を学ぶことができる。指導するのはボランティア解説員である。文京区の印刷博物館では、一筆箋に文字を印刷するという簡易な印刷体験ができる。この初歩的な印刷技術体験は社会に不可欠の印刷事業の最も基礎的な部分の理解に導いてくれる。

このような体験活動は他の多くの博物館でも実施しており、それは博物館活動の重要な部分となっている。このように、展示物の「見る・読む・聴く」による理解だけでなく、それに関わる技術をわずかながらであっても自ら体験することにより、そのモノがそこに展示されるに至るまでのプロセスの理解が一層進むことと思われる。したがって、「博物館の中での学習」の要点は、一般的には「見る・読む・聴く」であるが、できればそこに自らの体験を加えて、「見る・読む・聴く・体験する」というように進歩していくことができるように思われる。

(7) 書物を読むことと、歩いて見聞を広めること

博物館の展示物の解説のパンフレットやパネルを読むことは必要であるが、「読むこと」はそれだけではない。それと同時に、その展示物や博物館全体の設立主旨に関わる書物を読むことも重要である。たとえば、羽村市郷土博物館を訪問した際に、玉川上水の取水堰やその傍ら

に建立されている玉川兄弟の銅像を見たが、これらについては博物館内の展示を読み、学芸員の解説を聴く以上のことはしなかった。したがって、上水開鑿《かいさく》に関しては理解が不十分なまま見学を終わらざるを得なかった。しかし、その後、杉本苑子著『玉川兄弟―江戸上水ものがたり』を読むことによって、（小説であるから作者の創意や空想が入っていることはやむを得ないとしても）いかにそれが困難を極めた難工事であったかが理解され、当時の江戸の水状況、玉川兄弟の産業上の立場、幕府高官、関東郡代の役割、彼らの関わり等も知ることができた。日野市立新選組のふるさと歴史館の場合も同様である。博物館の解説は詳しいが、細部にわたる事実は子母澤寛の『新選組遺聞』等の新選組三部作が一層よく伝えてくれる。

このようにわれわれの博物館見学は不完全燃焼に終わらざるを得ない場合が多いが、それを小説等の書籍が補ってくれる。多摩地域全体に関しては、多摩信用金庫たましん文化財団の季刊郷土誌『多摩のあゆみ』が、多摩の歴史、地理、産業、自然、文化、人物等について多様で有益な情報を提供してくれている。

歩いて見聞を広めることの重要性に関しては、竹村公太郎著『日本史の謎は「地形」で解ける（文明・文化篇）』が参考になった。この書物は日本全体の地形や各地の局所的な地形が、いかに日本人の性格形成、文明、文化、制度、産業等に強く影響を与えてきたかということを述べていて、われわれの博物館見学の基礎を支える視点を与えてくれている。この書物の中に、神奈川県川崎市の二ヶ領用水に関する事例が現われている。江戸時代以来、いかに苦労して川崎の住民が水争いの渦中でこの用水を守ったかということが述べられている。博物館調べ隊が川崎市高津区の大山街道ふるさと館を見学した帰路、遠回りをして溝の口駅に向かう途中、二ヶ領用水に出会った。そこに架かる橋のたもとにこの用水の由来が掲示されていた。もっと早くから、博物館周辺を歩くことの重要性に気づいていたらと、悔やまれたものであった。このように、歩くことの重要性を、(6)節の「見る・読む・聴く・体験する」に加えると、博物館見学の要点は「見る・読む・聴く・体験する・歩く」という5点に集約されることになる。

(8) 学習の発展と対象地域の拡大

当初の博物館見学は多摩地域の博物館が中心であった。博物館学習の継続、すなわち、見学した博物館が点から線、線から面へと広がっていくにつれて、学習の成果として地域間の地理的、歴史的、文化的な関連性が徐々に認識されてきて、多摩地域の全体像がおぼろげながら浮かび上がってきた。その後、関心が周辺地域に広がり、さらには区部や企業、大学の博物館見学へと広がっていった。そのような見学の継続の中で、「従来の公認の事実」が訂正され新しく認められた知見に接することは、博物館に足を運んで見学した成果として意義のあることである。これも博物館見学を継続していることの喜びの一つである。

見学する博物館は一般に1日に1カ所であるが、近くに他の博物館や類似の施設がある場合には、2カ所ないしは3カ所を同一の日に見学することもある。たとえば、平成29年5月7日（日）には北区の飛鳥山の、隣接している3館を連続して見学している。渋沢史料館、北区飛鳥山博物館、紙の博物館である。平成30年4月15日(日)には、文京区の六義園と東洋文庫ミュージアムを見学している。

そこで得た新しい知見をもとに、次の見学博物館として歴史系とは異なるタイプの博物館を決めることもある。これも博物館見学の楽しみや喜びをもたらしてくれるものである。

(9) 博物館の役割と存在意義の重要性の確認

博物館は事物・事実・知識の宝庫である。日常生活ではまったく考えもしなかったことを目の前に提示してくれ、なおかつ、展示物の解説パネルや、学芸員やボランティア解説員が分かりやすく解説してくれる。インターネットは居ながらにして情報、知識が飛び込んでくるが、博物館は自らそこに出向くことによって、情報、知識が得られる。教育は能動的で積極的な人間を創ることであるということからすると、博物館の重要性は強調されてよいように思われる。また地域博物館には、その地域特有のものに限定される場合が多いとはいえ、それでも実に多様なものが提供されている。これは、たとえば子どもの教育上の視点（多方興味をもつことによる発達）からも、市民の総合的社会認識（歴史、文化、自然、政治、環境、人権等）等の要望からも、また認知症を患う方のための回想法への強い要求に応えるものとしても、博物館が非常に重要な役割を担っているものであることがわかる。

また博物館は、見て、聴いて、体験して、歩くことによって、たとえば地理認識でいえば、「はけ（崖）」、川、丘陵、山地、道路交通等が地域の歴史や産業等の人文特性に及ぼす大きな影響の重要性を再確認させてくれる。博物館で産業、人物、鉄道、戦争、文化、災害、自然等に目を向けることにより、社会変化の意味を、単なる時系列的変化としてではなく、相互関連、総合的な因果関係として、より深く理解することができる。博物館は古い認識の再生および新たな認識の獲得に貢献してくれる。博物館は単にそこにある施設というだけではなく、生きている街の中にあって存在意義を主張している、生きている施設であるといえる。

(10) 地域の伝統行事との出会い

たとえば、東京都足立区立郷土博物館の場合。4月上旬に見学した日が、地域の「桜祭り」の当日であった。博物館前の道路に並行して流れている葛西用水の両側に延々と連なる満開の桜並木を愛でつつ、多くの町内会の住民による桜踊りの行列、博物館の日本庭園内の茶室で市民に公開された茶会や、博物館のロビーを利用した鉄道模型のジオラマ、博物館の前庭に設えられた舞台での太鼓や地域伝統の踊りなどを見ると、ここでは地域コミュニティが生きており、コミュニティと博物館の連携が適切に行なわれているという実感を得ることができる。さらに、これは、メンバー自らの居住地ではどうかと考える契機ともなる。

(11) 博物館には個性があること

その個性は、学芸員の個性に由来するものなのか、展示物の特質からくる印象によるものなのか、館の設立主旨に基づく個性なのか、おそらくその総合的なものに由来するのであろうが、各館を見学しているうちに、何となく館の雰囲気や職員の方がたの接し方の相違が感じられるような気がしてきた。決して不都合な意味ではなく、その個性の違いを面白く感じている。たとえば、学芸員が展示物を手に取って見学者の目の前で説明してくれるところ、博物館の立地する地域について時間をかけて詳しく説明してくれるところ、周辺都市との関連性や相違に言及してくれるところ、体験活動に誘ってくれるところ、見学者の多くの質問に詳しく答えてくれるところ、ボランティアを適切に活用しているところ、写真を自由に撮らせてくれるところ、さらには地域の文化祭への参加や協力など地域社会との協働に力を入れているところ等々、それぞれの博物館に多様な個性があることが理解されてきた。

6　見学後の交流

多くの場合、博物館の見学後は町歩きを行ないつつ交流を図っている。とくに郷土博物館や歴史民俗資料館の場合には、歩くことによって博物館の展示・解説（古地図や現代の地図を用いて、学芸員により説明された、道路、河川、建物、寺院・神社、遺跡、地震等の災害の跡、自然景観等の変遷や現状）が目で見て実感でき、新たな発見も得られる。

また、昼食の食事前後の時間は何ものにも代えがたい貴重なコミュニケーションの時間である。正に「食は心を開かせる」を実感させてくれる。ここでは、日常的な話題とともに、博物館見学の際に抱いたさまざまな疑問点の披瀝のために、自由な雰囲気での意見交換がなされるが、メンバーはそれをとても重要だと考えている。シンポジウムの語源が「共に飲む・食べる」であることを考えると、毎回、小規模なシンポジウムを行なっているような楽しい気分になれる。

7　博物館調べ隊メンバーの意見

博物館調べ隊のメンバーに、博物館見学活動に参加して感じたその意義や効用について尋ねた回答を、ほぼそのまま記したものである。このアンケートは平成29年春に行なったので、これまでの活動の成果の一部を反映したものでしかないことが残念である。

質問内容は、①これまでの見学で楽しみになってきたこと　②これまでの見学でわかってきたこと　③まだよく分からないこと、疑問であること（多様な観点から）　④博物館で展示物を「見ること」と、学芸員や解説員から「聴くこと」について　⑤博物館巡りの活動が、自己の生涯学習にとってもつ意義　⑥これまでの活動について気づいた点や今後の発展方向　⑦最も強い印象を受けた博物館を3館以内で（簡単な理由とともに）　⑧その他、もろもろ考えたことについて（自由に）等である。

【その１　N氏】

1　見る・学ぶ・訪ねるのコンセプトが生涯学習につながり、見応えのある展示品・年表・著名人とその活躍・活動、特色ある歴史的な発展過程、民具・建造物・文化遺産等から、人ともの、人と人との出会い、くらし、行事・祭り、社寺とのつながり、原始・古代・中世・現代への橋渡しなどが楽しみになってきました。

2　これまでの見学で、教科書・パンフレット・関連書物からは得られにくい感触・情報に、ドキドキ（土器土器）・ときめきし、これらの感動を博物館調べ隊のメンバー間で共有でき、互いの絆が深まってきているように思われます。

3　社会教育事業の一環として、その役割・機能をもった博物館が、近年その位置づけが発展的に変容してきているように思われますが、一般には、周知されていないのではないでしょうか。

4　博物館で展示物を「見ること」により、教科書・パンフレット・関連書物では得られない実感・感触から感動でき、学芸員・解説員からは、さらなる深い内容・事実とともに、背景・エピソード・裏話などもお聞きでき、質問にも丁寧に対応していただけるのがありがたい。

5

多摩地域の川の流れ、低地・台地・丘陵、この変化に富んだ地形における人びとの多様な営み、その足跡、考古、歴史、民俗資料等を百聞・百見し、人類・民族の狩猟・農耕生活、社会生活での工夫と知恵や科学・産業技術等の歴史的発展経緯を実感し、博物館見学が郷土の歴史と文化に対する理解と認識を深めることにより、自分の人生と対比することもでき、生涯学習の場としての意義を再認識させられます。

6

博物館関係者の熱意ある対応を目のあたりに感じ、その一方で、各自治体の昨今の財政事情・人材確保難等も肌に感じ、今後の博物館運営に危機感を感じざるを得ません。

7

最も強い印象を受けた博物館

(1) 東京農工大学科学博物館：養蚕から繊維・ミシンなどの関連機械と科学技術へのイノベーションに関わる足跡、その豊富な資料。

(2) オリンパス技術歴史館：胃カメラの開発、がんの早期発見から応用への取り組みに感動。

(3) 川越市立博物館：伝統的な建造物、その蔵造りの手法をあまねく、かつ、詳細に展示・解説していただき、地域における博物館事業の新しいメッセージがうかがわれる。

8　博物館等での専任学芸員数の事情などにより、見学日程の予約に課題あり。

以上です。

【その2　I氏】

海外勤務を機に各国への旅行の際に現地の博物館や美術館を訪問・見学することが多く、博物館巡りの楽しさを認識しました。

折しも、生涯学習論を学ぶ機会があり、社会教育施設としての博物館の役割や、そこで何が行なわれているか、といったことについて調査する機会に恵まれました。近隣の博物館を訪問、館長さんなどにいろいろと（運営上の御苦労話など）お話を伺い、一層の興味をもつことになりました。

定年を迎え、地域での生活が長くなることもあり、居住地区（多摩地区）についてその歴史・民俗などをより知りたくなり、学びたくなりました。そんなとき、行動を共にしてくれる仲間に巡りあい、そして一緒に博物館見学をすることで、さらに自身の学習意欲が高まりました。見学後のランチミーティングでの展示物、学芸員解説のレビューなど毎回、毎回楽しいひとときを過ごすことができ、もう、ライフワークのようです。これこそ、仲間あってのことかな、と思っています。

博物館といえば、学芸員（ボランティアを含む）の解説は不可欠となってきました。同じ博物館でも学芸員によって説明も多種・多様であり、また質疑応答もあり、知識は無限に広がっていき、生涯学習の醍醐味を味わっています。やはり、見るだけでは、ただ見ただけで記憶にも、記録にも残りません。

余談ですが、自身にとって知識の客観化の困難さも学びました。

この見学会で地域を知ることの大事さもよく理解できるようになりました。同じ博物館を何度訪れても、学芸員から聴く内容はいつもフレッシュであり、企画展はまた認識を新たにするものがあり、飽きません。

一番多く訪問・見学しているのが地元の府中市郷土の森博物館ですが、どの博物館も見学の都度、大きなインパクトがあります（解説員のご努力の結果だと思います）。

この活動で、地域への理解が高まったことに加え、仲間との絆も深まったように思います。時間と体力の続く限り、続けていきたいと思っています。博物館は常に新しい学びを私たちに提供してくれます。博物館は自身の学ぶ姿勢や仲間づくり・居場所づくりをもサポートしてくれる、そして地域を理解する素晴らしい施設です。改めて、毎回の見学会が楽しみです。

【その３　U氏】

今までまったく縁のなかった人たちが、月１回、原則第１日曜日に、現地集合で、各地の博物館を見学している。この活動も４年めに入ったが、よくこんなにたくさん、博物館（あるいはそれに類するもの）があるものと、本当に感心する。それより何より、いろいろな所を探し出し、次の計画を立ててくれる主催者さんには、本当に頭が下がる。

月１回というほどではないが、博物館や美術館の見学は好きで、自分だけでも行ってはいたが、個人の見学には解説はつかない。が、主催者さんのおかげで、学芸員さんの解説を聴きながら見学でき、本当に嬉しいことだと思う。ただ展示物を順に見ただけでは、深い内容理解まではいかないが、そこに詳細な説明が入ることで、より理解が深まる。心から「学習をしたな」という気になる。いくつになっても新しいことを知るというのは、楽しみなことである。

月１回でもあちこちへ出かけ、見学するというのは、学校でいえば、社会科見学や遠足に似ている。実際、いつもと環境が違う所で多くを学ぶわけだから、そうであろう。目的を同じくする数名の仲間と、博物館の中を歩きながら、お昼を食べながら情報を交換するというのは、それはそれで楽しいものがある。そして、せっかくの機会をもう少し多くの人たちと共有できるといいなと、つくづく思う。

強制的な活動ではないので、参加したりしなかったり、休み始めると休み癖がついたりするのだが、自分のこれからの人生を少しでも有意義なものにするために、できる限り、参加できるときはしたいと、心より思うものである。

【その4　T氏】

●質問4「見ること」「聴くこと」について

三多摩地域で、同じような気候と風土で生活してきた昔の人〜現代の人びとが、学芸員の説明をじっくり聴くと、同じようでも、こんなに違う、その土地の特性を生かした暮らしに気づかされることが多く、勉強になった。

●質問7　強い印象をもった博物館

No.1：日野郷土資料館。旧校舎を利用した展示は、施設は古くても、説明が適切で、わかりやすくてよかった。

No.２：瑞穂町けやき館。ここは自然を取り入れた立派な設備が整い、お金をこんなにかければできるんだという意味で、感心した。隣の耕心館（レストラン）も、上手な利用の仕方で、新聞にもよく載っているので、広く利用されているのがわかる。

No.３：オリンパス技術歴史館（八王子市）。日ごろ目にすることのない展示と、熱心な説明に引き込まれた。

印象に残るのは、展示より、学芸員の熱意と研究の深さが伝わってくること。今までは「見る」だけで、訪ねてきたさまざまな資料館がもったいなく思えてくる。「生涯学習」など、60代までは考えていなかったが、博物館巡りを通じて、少しでも長くふれていたいと思うようになった。

8　今後の活動の展望

(1) 学習対象分野（博物館のタイプ）の拡大

現在は地域理解のために、郷土資料館、歴史民俗資料館が主な対象であるが、上記のメンバーの意見からもわかるように、メンバーの方がたは、モノの生産プロセスやメカニズムが理解できるような展示にも強い関心をもっている。そのことを考慮すれば、「2　博物館調べ隊設立の経緯」で述べたことと重複するが、今後は産業博物館（工業、農林漁業、酒造、その他）や理工系の科学博物館の類を現在よりも多く見学対象に選ぶことが適切な選択となると思われる。さらに、生涯学習の側面として不可欠な人間理解および人間社会の生活構造の理解のために、対象を教育博物館、企業博物館、医学・薬学博物館、食品博物館、人物博物館、大学博物館等にも拡げていくことが求められると思われる。

また、博物館調べ隊の活動主旨からすれば、見学の対象は博物館に限定されるものではない。博物館のほかに、それに匹敵するような由緒ある歴史的施設、文化的施設、（工場その他の）産業的施設、さらには寺院、古民家、庭園等を訪問・見学することも意義がある。現にこれまでも、府中市のサントリービール工場の製造過程の見学とその後のビールの試飲、港区浜松町の旧芝離宮恩賜庭園と増上寺、文京区駒込の六義園、千代田区の上智大学内聖イグナチオ教会、国立市古民家、青梅市旧宮崎家住宅、あきる野市旧市倉家住宅、日野市高幡不動、中野区哲学堂および哲学堂公園、三鷹市国立天文台等を見学し、参加者は大いにその意義に賛同している。メンバーの方がたは、この博物館調べ隊の活動が生涯学習そのものであると認識・理解している。生涯学習は「狭く深く」だけでは成り立たず、また「広く浅く」だけでも成り立たない。「狭く深く」と「広く浅く」を両立させる必要がある。

博物館の見学により得られた疑問点の解明や、学会等での新しい学説・知見に接するために、かつて訪問した博物館の再訪問（＝狭く深く）に努めることもよいと思われる。

(2) 学習方法の改善

学習方法として、見学だけではなく、あらかじめ資料や関連する書籍を読み込んでおき、事前または事後に共同学習をすることが考えられる。北欧の学習サークル（study circle）のミニ版である。さらに、エルダー・ホステルのような学習旅行ができればよいと思われるが、これは今のところ夢である。

(3) リクリエーションの活用

メンバーの意見の中で、博物館見学を継続していくことで、仲間との絆が深まったという見解が表明されている。学習の継続が絆を深める、強める、ということであり、学習なくして単に絆を深めればよいというものではない。しかし何ごとにせよ、余裕、遊び（安全を保つための人間工学的工夫と類似の発想）が必要である。リラックスして次の学習（再創造）に向かうための心身の余裕、すなわちレクリエーションが必要である。日本では四季それぞれに応じたレクリエーションに事欠かない。高齢者の学習団体であれば、それを上手く活用することが必要であると思われる。

(4) 会員数の拡大と年代層の多様化

一時的にその実現に向けて良い変化が見られる時期もあった。メンバーの配偶者の方が参加してくれたり、かつて私の勤務先の学生だった青年が参加してくれたりするようになったものの、長期的傾向としては根づかなかった。仕事と見学日の重なり、職場の移動等によるものである。しかし、かつての私の職場の同僚だった方や、八王子市のコーディネーター会の会員の方が途中から参加してくださり、現在まで継続している。徐々にこの傾向が勢いを増すことを願うものである。

9　博物館への要望

博物館には、これまで見学に際して丁寧な対応をしていただき、大変ありがたく、感謝している。とくに学芸員やボランティア解説員の懇切丁寧な説明、こちらのどのような質問に対しても、専門知識を駆使しつつも、わかりやすく説明していただいたことに、深く感謝している。

(1) 不十分になりがちな分野の展示にも配慮を

しかしながら、まったく問題を感じなかったわけではない。博物館が社会教育施設という「教育」施設である以上、見学者（学習者）の教育や教養の基礎を構成する「多方興味」に応える必要がある。

ここでは規模の大きな国立や都道府県立の博物館ではなく、これまで見学してきたような主に中・小規模の歴史民俗資料館や郷土資料館等について言及する。

展示が不十分な分野としては、たとえば「教育」が挙げられる。教育は人間社会発展の最も基本的なものであり、その事実の知識・認識はすべての人にとって不可欠であるという認識が必要である。その改善策として、たとえば教育資料室を設けるのも一考であると思われる。

その他、博物館によっては、政治的事実や行政（警察、消防、保健衛生等を含む）、宗教、企業の生産・流通活動、環境問題、災害（地震、台風・水害等）、国際交流、スポーツ、芸術（多様な分野）等の展示が十分でないところが見受けられる。今後の改善を期待したい。

(2) 歴史的変遷が比較できる展示を

展示物の時代的な前後の変化の展示や解説が十分でない場合が見られる。たとえば、ある種の農具が展示されていても、それ以前はどのような形態でどのような材質を用いて作られていたのか、どのような使用法であったのか、その後はどうであったか、効率はどのように向上したのかなどは展示・解説されていないことが多い。見学者としては、時代的な変遷、変化、発達を知ることも重要であると思う。社会や産業、生産物の発達、発展を理解するにはこのような比較の作業が不可欠である。博物館の担当者にはこのような要望を考慮していただきたい。

(3) 高齢社会における配慮の必要性

高齢社会においては、学習意欲の旺盛な高齢者が博物館を訪問する機会が多くなる。しかし、高齢者は一般的に長時間見学していると疲れてくる。そのような場合に、展示室にベンチやソファー、椅子等が置かれていればすぐに休憩することができて疲労も回復するが、残念ながら、それらが置かれていない施設もある。また、解説パネルの文字が小さい場合が多く、極めて読みにくい。これらは高齢者の尊厳に関わる問題であり、またバリアフリーの問題でもある。ただちに対応していただけることを期待している。

活動を振り返って

これまでの活動を振り返り、今後の展望を考えてきたが、博物館調べ隊の活動は、博物館見学をコアとした生涯学習のコミュニティ活動であると思う。範囲の定まった一定の地域的コミュニティではなく、活動そのもの、および活動の地域的範囲が徐々に拡大していく学習コミュニティである。メンバーの意識としてはできる限り長く続けたいと考えている。まさに博物館生涯学習コミュニティである。

薩摩藩家老「調所笑左衛門広郷」の末裔から見た広郷の存在

――密貿易を幕府老中阿部正弘から攻められ最後は毒を煽《あお》って自殺――

近藤太一

はじめに

近藤太一の母は、旧姓「調所広子」。そのルーツは、左の系図で見られる調所笑左衛門広郷《ずしょしょうざえもんひろさと》の後裔《こうえい》である。島津家第25代藩主「島津重豪」に薩摩藩の構造改革を任され、５００万両（約19兆円）の踏み倒しと密貿易で藩財政を支え、次世代の島津斉彬は、調所が残した１００万両で薩長連合と長州藩への武器供与をひねり出し、明治維新を創り出した。しかし、時の老中首座阿部正弘は、調所の密貿易を追及。調所は指摘後１カ月して服毒自殺するが、病死に振り替え、闇に消えていった。薩摩藩を無言で守ったのである。にもかかわらず、調所の行ないは、島津斉彬や西郷隆盛、大久保利通らに糾弾されることとなり、墓や遺骨は、錦江湾の藻屑と消え去った。一方で、調所がひねり出した豊富な資金は、海外からの世界最高性能を誇る武器や戦艦を調達し、長州への資金および武器を供給し、江戸無血開城で、政権を確立したのである。

薩摩藩全体の存続を護る調所笑左衛門広郷の服毒自殺の意義を考えたい[1]。

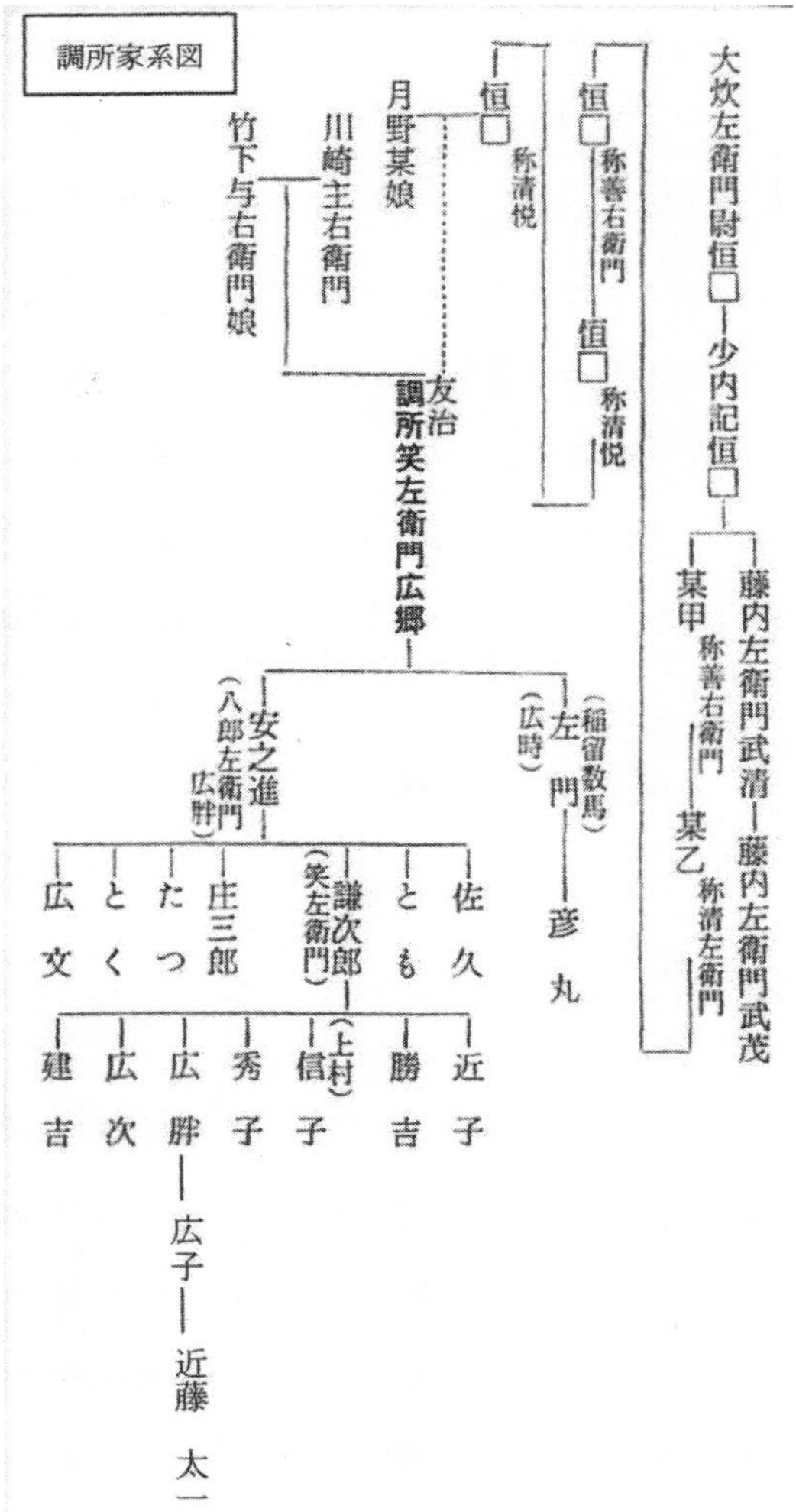

(1) 調所家系図：原口虎雄著『幕末の薩摩』（中公新書、1966年）9ページ

1　下級武士から代々の茶坊主・調所家に養子入り

優れた能力を藩主に見込まれ、ついには家老にまでなった調所だが、決して裕福な家庭に生まれたわけではない。生まれは、安永5（1776）年、城下の下級武士族・川崎主右衛門の次男として生を受け、幼名は清八《せいはち》といった。川崎家は、軍事を司る番方（武官）の一つに位置する「御小姓組《おこしょうぐみ》」の家格であった[2]。小姓は、主君の近侍をし、雑務や日常生活に必要な取次をする仕事であった。無高無屋敷で、内職でしのいでいた時代であった。軽輩の家柄の定めとはいえ、川崎家も例にもれず、清八は幼年時代から貧しい生活を送っていた。

天明8（1788）年、清八は12歳で調所清悦の養子となり、名前も友治《ともはる》と改めた。

調所家に養子として調所の分家に入ったことになるが、養父もその祖父も茶坊主として薩摩藩邸に仕えた。調所も茶道を学び、調所笑悦と名を改めた。茶坊主として藩邸に仕えたのち、御茶道頭の役を与えられた。その際、釣り合いが保たれるようにと、御小姓組から新番の家格

調所広郷肖像（尚古集成館蔵）

に昇進するが、まだ無高無屋敷者だったことが書に残っている。茶坊主は、坊主という名のとおり、仏門に入って、藩主に茶道を教えたり、「茶の湯」の会合を取り仕切ったり、大名同士の縁談を取り仕切ったりしていたが、藩主の身の廻りの面倒を見ていた私設秘書のような役割を併せ持っていた。そうした日々の働きの中で、調所は才能を見出されていった。先を読む力があり、非常に気が利くと評価された。これは薩摩に置いておくだけではもったいないということになり、寛政10（１７９８）年、調所22歳のとき、隠居して江戸（高輪御殿、今の畠山（はたけやま）記念館、丸に十字の島津家家紋が入った長持ちも畠山記念館の入り口においてある）に住んでいた薩摩藩・島津重豪《しげひで》付き茶坊主として出仕した。調所は江戸では名を笑悦《しょうえつ》と改めた。重豪は、調所を還俗《げんぞく》させ、笑左衛門と改名させ、表方の役人とした。これが文化10（１８１３）年、調所が37歳のときであった。(3)

与えられた役職は藩主の身の廻りの調度品を管理する小納戸《こなんど》である。２年後、小納戸頭取、御用取次見習いも兼務する。御用取次見習いは、藩主から家老へ、あるいは家老から部下への御用取次だったことは、藩主・重豪の調所に対する能力を非常に高く評価されたことになる。

（２）調所家系図：原口虎雄著『幕末の薩摩』（中公新書、１９６６年）７ページ
（３）調所像：芳即正著『調所広郷』（吉川弘文館、昭和62年）表１

文政8（1825）年には側用人・側役勤めとなり、奥（藩主秘書）のトップとなる。

2　調所は天保9年（1839）、家老に就任「借財500万両の踏み倒し」を実行

財政難に喘いだ薩摩藩の借財は、天保6（1836）年500万両（約19兆円）に膨れ上がった。薩摩藩の年間予算は、12～14万両だったことから天文学的借金に膨れ上がったことになる。そのために、調所は、多方面、とくに琉球国を通じて中国との密貿易を実行した。そして最大の借金の返済は、「250年賦の無利子償還」の実行である。建前は償還でも事実は「踏み倒し」である。近衛家であろうと、一橋家であろうと、江戸・京都・大坂・奈良や国許に限らず、すべての借金を250年賦にした。明治4年には廃藩置県が行なわれ、旧藩債消滅の暴令が発布されるまでの35年間は、実際に毎年の償還を几帳面に実行されていた。証明される通帳が残されていた。そして、この「踏み倒し」を実行するために、重豪の娘の嫁ぎ先、第11代将軍・家斉を通じて幕府に10万両謝恩金として献納されて

佐藤信淵像　出典：『佐藤信淵家学全集 上巻』（瀧本誠一編、岩波書店、大正14年、表3）

いる。調所の叡智の決断に、当代第一流の経済学者であり、為政者へのコンサルタント、佐藤信淵の総合的具申も大きく貢献している。

島津家25代・島津重豪の娘「茂姫」は、一橋家宗尹《むねただ》の長男・治済《はるさだ》の嫡男・豊千代《とよちよ》と婚約し、豊千代は10代将軍・家治の養子として家斉《いえなり》という名に変え、第11代将軍に就任した（左の系図参照）。この就任は、調所の密貿易の進行にも有利な条件を引き出す駆け引きに使っていたこ

【徳川・島津家の血縁】

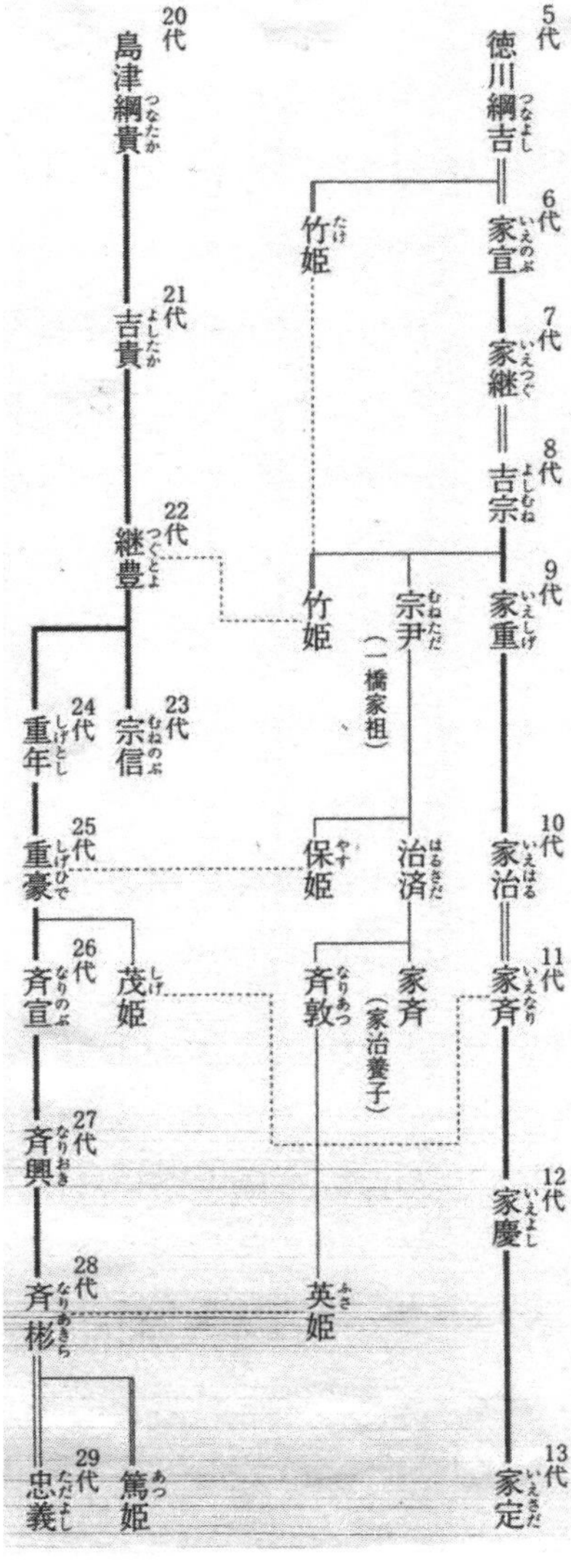

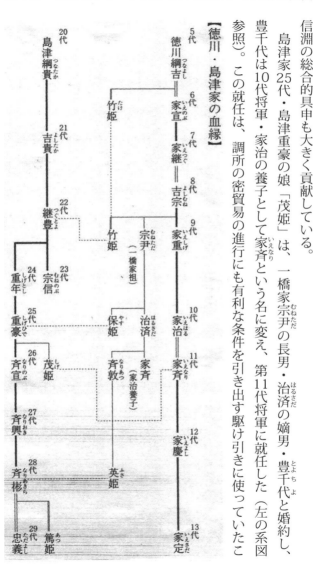

とになる。また、この島津家と一橋家の中に入ったとされる老中・田沼意次の貢献も大きい。

大御隠居の島津重豪から別途非常手当金50万両の用意を命じられた。調所は天保元年（1831）、「三島方《さんとうほう》」という組織を役所の中に新設した。

三島方とは、奄美大島・喜界島・徳之島の奄美三島で施行した黒砂糖聡買い入れ制の組織である。抜け荷に死罪罰則を設け、黒糖搾取を一層強化した。豪商に造船を命じ、自藩船で上方大坂方面に黒糖を運送した。

この結果、黒糖だけで10年間に235万両を売り上げ、98万4000両の増益を実現した。

調所愛用のそろばん（尚古集成館蔵）

さらに、天保10年、奄美に羽書《はがき》制を導入した。年貢糖以外を「余計《よけい》糖」と称し、すべて藩に納入させ、羽書という一種の流通手形を交付する制度を設定した。全国では、伊勢羽書以外では、ここ薩摩藩独自の金融制度である。島民は羽書により鍋・釜・紙・農機具など生活必需品を入手した。その交換比率は島民にとって不当だったうえ、羽書の有効期限は1年とされた。奄美から貨幣は消えた。これほどの金融政策が100万両の準備金を稼ぎ出したのである。

斉興下賜の人形

弘化３（１８４７）年、調所は薩摩焼の里・苗代川（現日置市美山）に南京皿山窯を開窯、本格的な磁器生産を始めた。ここから誕生した錦手《にしきて》・金襴手《きんらんて》の作品をはじめとする薩摩焼は１８６７年、パリ万博に出品された。薩摩の美は欧州人を魅了し、ジャポニズムを喚起したのである。

苗代川には調所の見立墓が建つ。調所は陶工達にとって恩人であった、という一面もある。

3　家老調所広郷の、「すべては自分でやった」という責任の取り方〝服毒自殺〟

調所が行動を起こす際には、必ず３人の藩主から「朱印書」（認可書）をとりつけていた。その絶対的権力を伴っていたからこそ、調所は、51歳のときから72歳で自決するまで、江戸と上方、そして国許を、草鞋《わらじ》を踏み潰しながら駆け巡り、無理難題の案件を処理していった。調所の生き方には、私利私欲はなかった。

ところが、薩摩が行なっていた藩直轄地の坊津や琉球などを拠点としたご禁制の密貿易を、斉彬に幕府に密告されたことで、幕府老中首座・阿部正弘らに糾弾され、その全責任を背負って、調所は自決することになる。すぐには自決せず、切腹ではなく、服毒自殺を図ったのは、周囲には病死のように見せかける必要があったからだ。家老の調所が切腹したとなれば、藩を挙げた悪事を認めたことになってしまう。しかし、病死であれば、真実は闇の中。こうして責任追及が前薩摩藩主・島津斉興《なりおき》にまで及ぶことを防ぐことができたのだ。いざというときは家のために命を投げ出す、家老としての最後の大仕事は、これだった。利権を手中に収め、保身に走る権力者が当たり前の、セクハラやパワハラの高級官僚の現状を見聞きするにつけ、自らが全面的に悪役になって消え去るという調所の行動原理は、潔く清い「人生の在り方」であり、組織のトップ家老であったと見ることもできる。島津斉彬藩主に賛同した西郷隆盛、大久保利通らの調所への非難をも大きく呑み込んだ服毒自殺であった。

後述する「お由羅騒動」で、久光との後継者争いの末、28代藩主となった島津斉彬は、天下に並びなき名君と称された。

次つぎと工業化政策を打ち出した斉彬は、富国強兵にも力を入れ、洋式造船、反射炉・溶鉱炉の建設、地雷・水雷などの技術を開発した。これは「集成館事業」として知られ、安政元年（1854）には、洋式軍艦「昇平丸」を建造し、徳川幕府に献上した。

もともと斉彬は、藩主になる以前から、宇和島藩主・伊達宗城、土佐藩主・山内容堂、福井藩主・松平慶永、水戸藩主・徳川斉昭、尾張藩主・徳川慶勝らと交流をもっていて、彼らとともに積極的に幕政にも意見を提言してきた。

とくに、老中・阿部正弘とは親密な仲だった。これらのことから、斉興に仕えていた当時の調所には相当の危険分子と映ったに違いない。それは、贋金作りに密貿易に唐物取引と、重豪・斉興の命の下で進めてきた財政改革が、決してまっとうなやり方ではなかったからである。一応は藩主の世継ぎではあっても、まだ藩主でもない立場にある斉彬は、案の定、幕閣と通じ合い、こうした薩摩藩の裏事業を流していた。これは薩摩の人間としては「売国奴」ともとれる。

おそらく調所は、斉彬を封じ込められるのは斉興しかいないと考え、その後継者としての久光に期待をかけた。

双方の確執は、それぞれの目標の違いにある。斉彬は、雄藩の連合によって日本の独立を守ることを目指した。

一方、重豪・斉興、調所らの眼目は、あくまでも薩摩藩の財政改革と藩力の強化にあり、中央政治には関与しない立場であった。そして、これらの目標は、極めて優れた官僚組織と、多少の毒を含みつつも行政改革や藩制改革、農業改革を進め、ついには構造改革を果たすことで達成された。調所の構築したこの官僚体制は、スリムで機動力があるため、利潤を生む体制であった。天下国家のために動こうとした斉彬と、その目指すところは違っていたが、調所が構築した官僚機構そのものは傑作ともいえる完成品だった。

だから、斉彬もこの完成品を崩すということは考えず、そこから拡大するという方向で動いた。そうした意味からすれば、調所は斉彬のためにいた家老であったともいえよう。その証拠に、調所の後、維新後明治政府の官僚組織の素地づくりに取りかかった薩摩藩家老・小松帯刀《こまつたてわき》が登場するまで優れた家老は出ていない。100万両という資金を先代から残された斉彬は、このおかげで、幕府に対して西洋式軍艦「昇平丸」を献上することができた。宝暦の木曽川治水工事を薩摩藩全体でなみなみならぬ苦労をしたが、その中でも大きな要因は、現金がなかったことである。この幕命は地域農民の失業対策でもあり、どうしても彼らへの現金支給を必要とした。時の家老・平田靱負《ひらたゆきえ》はこのため、22万両の金を大坂商人から借りることで窮地を凌いだ。

一方、調所が斉彬に残した金は、100万両である。もし、斉彬が藩主になった当時、調所改革が進んでいなかったら、名君といわしめた数々のプロジェクトの成功はありえなかった。

天保の改革で既得権を奪われた者たちは、当然のように調所の失脚を願った。でも、結局は、「調所は上手者で用心深いから、なかなかシッポを出さない」と毒づくことしかできなかった。

斉興の後継者と目されていた斉彬は、40歳になってもまだ家督を継げずにいたのである。これは、その背後で側室・お由羅と調所が妨害工作をしているからだというのが、反調所派の間ではもっぱらの評判となっていた。

お由羅は当然、斉興との間に生まれた息子・久光に家督を継がせたいと考えていた。お由羅のルーツは、江戸の町娘（東京港区三田の八百屋、舟宿、大工など多数の説がある。遊芸が巧みで、島津家の斉興の側室付きの女中として奉公しているうちに、斉興の手がついて久光を生んだ）であったという。

調所は、斉彬が聡明であって重豪に似て西洋かぶれであり、再び藩内の財政が悪化すると先を見越していた。当然の帰結として調所はお由羅に近づき、閨門政策を通じて権力の確保に努めた。また、調所の死後に幕府をはばかって嫡子の左門を稲富数馬と改名させて退役させながら、お由羅が推薦して再び用人にしたことなどは、明らかに調所とお由羅の間に深い関係があったことを示している。斉彬は、お由羅や調所ら一派の動静を絶えず報告させると同時に、国内の政情や琉球の貿易にスパイ網を敷いて詳細に報告させ民衆の感情も詳しく把握していた。

一方で、斉彬は老中首座の阿部正弘《あべまさひろ》や水戸斉昭とも親交を深め、調所を失脚させる討議の機会を図っていた。給地高改正と洋式軍備への切り替えは、武士社会の根幹を揺るがす大改革であり、反調所要因には格好の煽動ネタとなった。調所の密貿易のことも老中首座・阿部正弘に密告したことなど、「売国奴」と罵倒されてもおかしくないような手段も行使したことを斉彬は認めている。

阿部は、斉彬が軍備・外交上に卓越した能力をもっていることを高く評価しており、幕府に重用したいとまで考えていた。こうした事情であり、斉彬に早く家督を相続させたいと願う阿部は、斉彬と示し合わせて調所の密貿易事件の責任を追及して責任を取らせるスケジュールに入った。

弘化3（1846）年、琉球の使者が清国へ渡航して交渉し、10万両の品物を薩摩から密輸することと、琉球の残留外国人を連れて帰ることを取り決めて帰国したという報告。そして、琉球の島々へ、異国船が何用ともなく出没していて、これは密輸にからんでのことに間違いはないという噂があった。この一連の財政改革では、禁じ手も多かった調所だが、それだけに、準備も若手のスタッフと共同で周到な裏工作をしていた。その絶対の秘密が斉彬から漏れていたことは、さすがの調所も気がつかなかった。

嘉永元年（1848）秋、調所はいつもどおりの旅程を経て、江戸に到着した。目的は斉興の官位昇進免許だったが、そこで待ち構えていたのは、斉彬の謀略だった。調所と向き合った老中首座・阿部正弘は、密貿易の1件を糾問し始めた。絶対に漏れるはずのない機密が暴露されたものだから、これには調所も動転した。

このままでは主君・斉興の立場が危ないと察知した調所は、その罪を一身に被《かぶ》って事件をうやむやに葬《ほうむ》り去ろうと強く自覚した。

老中首座・阿部正弘から琉球の密貿易を指摘され、その翌年1月後半、調所は江戸芝の西向かいの御長屋で服毒自殺を図ったのである。

全責任を自分で取り仕切った責任の取り方

３人の歴代藩主に対して、全面的に委任状を条件にした。（密）貿易事業の証明に重豪、斉興から賜った朱印状だ。調所は、権力を集中させなければ、自分の思い描く抜本的な改革は行なえないと自覚し、あらかじめ申し出た。多少のことでは更迭されないようにした上で、この重責を引き受けた。朱印状はまた、本来は発言力の弱い軽輩の出身だった調所にとって、「錦の御旗」でもあった。「重豪の朱印書に10年間に金50万両をためよと書かれていて、自分はそのすべてを任されているのだ」などと、藩主の権威を引き合いに出し、常に会議で話した。

しかし、調所の生き方には、私利私欲が見られないと、この服毒自殺後、１６９年を経て原口泉氏は、著書『維新の系譜』で主張している。利権を自分のためにではなく、あくまでも世の中、人に役立てるために獲得していたことが実証された。
薩摩が恒常的に行なっていた、藩直轄地の坊津（鹿児島薩摩半島先端港）や琉球などを拠点としたご禁制の密貿易を斉彬に密告され、老中首座・阿部正弘らに糾問され、その全責任を背負って、調所は自決した。調所の自決について、原口泉氏の父・原口虎雄氏は、次のように描写した。

改革の事業を未到達にして自殺する気持ちはどんなであったろう。彼の死因を周囲には固く秘密にしていたが、斉彬の翌2年正月の手紙に、「1、笑（調所）吐血の事、大円寺にてはこれ無く候。宿（藩邸長屋）の事に御座候。全く胃血のよしに御座候」と書いてあることから察すれば、服毒自殺であったらしい。

すぐには自決せず、1か月後、切腹ではなく服毒自殺を図ったのは、周囲には病死のように見せかける必要があった。すなわち、薩摩藩の主君存亡の危機に関わる密貿易の1件をねじ伏せるために、すべての疑惑を抱えたまま、永遠に口を閉ざすことであった。遺書もない。その間の事情は本稿3の冒頭以下に記したとおりである。

それにつけても、現在でも通用する会社組織・公務員の生き方の一つではないだろうか。

調所広郷と宝暦治水濃尾三川普請総奉行・平田靭負ともに家老の服毒自殺。その後、平田家とも親戚に

岐阜県海津市の油島、長良川と揖斐川の背割堤には、千本松原と呼ばれる美しい松並木がある。これは宝暦５（１７５５）年に、濃尾平野の大治水工事で薩摩藩士達が約１０００本の松を植えたのが始まりである。薩摩藩の今の鹿児島市でも甲突川をはじめ大きな川の氾濫を経験してきた。したがって、この宝暦の濃尾三川（木曽川・長良川・揖斐川）の治水にも全力でお手伝い普請に従事した。

薩摩藩家老から宝暦治水総奉行となった平田靭負（宝永元年〈１７０４〉～宝暦５〈１７５５〉年）は、宝暦治水普請で病死33名、自殺者52名の責任をとって服毒自殺したが、大いに薩摩藩士が活躍してから70年後に登場する調所もまた、この土地にやってきている。約20年間、毎年、薩摩藩➡木曽濃尾三川➡江戸薩摩藩邸を往復したのである。

調所は、木曽三川を目にするたびに、最初に切腹した２人の義士が眠る海蔵寺を通るたびに、同じ家老として藩のために奔走した平田に想いを馳せたといえよう。それは、平田の決断によって薩摩藩が困窮し、それより、何十年もの時を超えて自分も四苦八苦させられているという、恨み節では決してはなかった。前任者が悪かったから、この自分の苦境があるというような今の人とは違っていたとみたい。

おわりに　――調所の人生と財政構造改革――

調所の構造革命は、それまでにない薩摩藩として世界史に残す革命であった。

第一として、琉球王国の外交では、東南アジアや欧州列国とを視野に入れた外交である。東南アジアとは、貿易やそれに伴う入国者や貿易や外交で海外へ出ていく人の把握である。左の地図は、江戸幕府以前の貿易国や港を入れた地図である。この地図の関係する外交を目に入れての構造計画であった。現在でこそ北朝鮮を含めた外交政策である。

調所広郷は天保年間にこの外交政策に踏み込んだであろう。密貿易の収益で、島津重豪・斉宣の隠居生活の費用を作り出さなければならない。島津藩の律令で対処する場合、密貿易は島津藩内の法規に適っている。

第二に、奄美大島での黒糖生産体制の構築であった。天保改革後の10年間に、黒糖合計

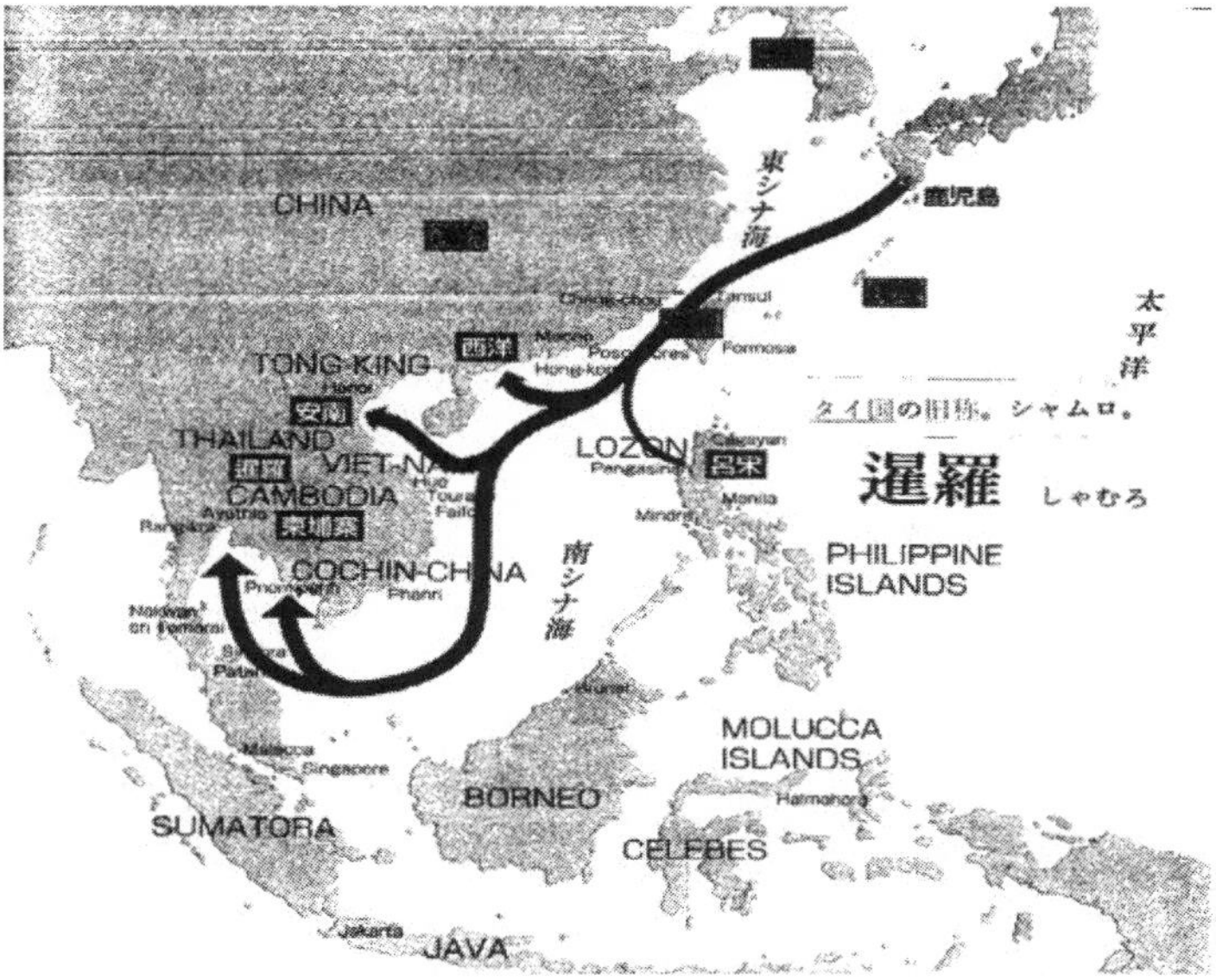

島津氏朱印船渡航図（『黎明館 常設展示総合案内』より制作）　江戸時代の“鎖国体制”に入る前の薩摩の交易の様子を表わしたもの。多くの国や地域と交易していたことがわかる

1億2000万斤、代銀235万両の売り上げを勝ち得たのである。開国政策の先駆をなした本多利明《としあき》（1743〜1821、新潟県村上市の人）の「西域物語《せいいきものがたり》」には、「薩州候の黒砂糖、一品にて毎年東都の売り捌き金180万両から300万両に至るといえり」と改革以前の風評を述べているが、改革後の10年間で一挙に、改革前10年間の売り上げ136万6000両から、235万両に高騰したことは、大変な成功であった、と主張している。

　大坂での黒砂糖の価格政策に入り、低いときには、買い付けし、高いときに売りさばく商人の領域へ踏み込み、商人へも儲けさせた。この経済政策がなかったら、500万両の借金返済にはおぼつかない。

第三が、各種の農産物の生産の拡大である。

薩摩藩の改革の主なるものは、国産品の販売と唐物貿易の拡大による収入増加策、諸役・役場整備、諸蔵管理の改善、借金の250年賦返済であった。薩摩藩の特産品は、コメ・生臘・菜種・朱粉・砂糖・ウコン・薬用植物などであり、その品種の改良・増産、大阪市場を見ての価格政策など、総合政策の活用であった。外国貿易でも江戸時代以前の実績に構造改革がなされた。

最後にもう一度、薩摩藩家老・調所広郷は、時の幕府老中首座・阿部正弘らに薩摩藩の坊津や琉球などを拠点にしたご禁制の密貿易を糾弾され、その全責任を背負って、自決した。

「お由羅騒動」の末に藩主の座に就いた斉彬は、あたかも公明正大な好人物であるかのように継承されている。確かに斉彬は、藩主就任後、父・斉興が率いていた久光派の人間を追い落とすということはしなかった。しかし、それは、調所が築いた組織に報復人事を行なう必要がなかったからである。往々にして財政改革がうまくいかないのは、たいていの場合、既得権を奪われた人が邪魔をするからだ。調所は、そうした不満をすべて引き受けて、斉彬に使い勝手のいい組織を残して、悪者になって病身に扮《ふん》して死んでいった。

物事にはすべて表と裏、光と影がある。表であり光だったのが斉彬だとすれば、調所は、裏と影だったといえる。斉彬に大輪の花を咲かせ、天下に並びなき名君を創り出したのである。

その後、この薩摩藩の構造改革を施行する逆境はむしろ、改革にあたる大きなエネルギーに変換されていった。莫大なエネルギーが、奇跡ともいえる天保改革を調所広郷に成し遂げさせた。そしてこの奇跡は、薩摩藩主忠義の父、久光の下で幕末八面六臂《はちめんろっぴ》の活躍をした家老小松帯刀《こまつたてわき》へと受け継がれたといえるだろう。調所の実績（財政改革）で諸営繕費用２００万両を調達した小松帯刀は、外国軍艦の買い付けや諸産業の生産拡大、そして国禁を恐れず、慶応元年（１８６５）３月には、西欧の文化・技術に直接触れるため、新納久脩《にいろひさのぶ》（のち家老）・松木弘安《まつきこうあん》（寺島宗則）・五代友厚の３人の使節団と、薩摩藩開成所の学生を中核とした藩費留学生15人を通訳・堀孝之《ほりたかゆき》（長崎出島で通詞）とともに英国に派遣した。派遣の決断をしたのは、家老・小松帯刀であった。留学生の団長格はのち明治政府の初代博物局長になる町田久成で、留学生の中には後日、初代文部大臣・私立商法講習所（後の一ツ橋大学）の所長となる森有礼、東京開成学校初代校長・畠山義成らも含まれていた。翌年慶応2年には仁礼景範《にれかげのり》（のちの海軍大臣）・吉原重俊《よしはらしげとし》（初代日銀総裁）ら5人を第二次留学生として米国へ派遣した。小松は長期日本の構想に大きく関与したのである。

鹿児島市の天保山公園に建立された調所広郷像の碑文には、次のように記されている。

調所広郷（通称笑左衛門）の像は、平成10（1998）年3月、天保山公園に建立されました。

幕末に近い文政10（1827）年、薩摩藩の借金は、500万両の巨額に達していました。

当時の藩の年収総額10数万両は、借金金利に遠く及ばず、正に破産の危きにありました。

時の藩主島津重豪公は、究極の策として一介の茶坊主上がりの調所広郷を家老に抜擢、藩財政改革を厳命しました。

広郷はその期待に応え巨額の負債を解決し、あまつさえ50万両の蓄えさえ残しました。

更に藩政の興隆を図り、数々の土木工事を行ない

明治35年8月12日撮影（中西達治著『宝暦治水と平田靭負』（あるむ、2015年、277ページ掲載）。右から、
- 平田はな（ともの娘。平蔵妻。広胖、のぶとはいとこの関係。）
- 調所（ずしょ）広胖（ひろあき）（稲富八郎左衛門こと、調所安之進の長男謙次郎の子。上村のぶ弟。近藤太一の祖父）
- 調所とや（調所安之進の妻。ともの母）。
- 上村のぶ（調所安之進の長男謙次郎の子。調所広胖の姉）
- 平田とも（調所安之進、とやの娘。平田靭負正直妻。はなの母）

天保山公園にある調所広郷の像

ました。

平成５（１９９３）年８月６日の災害で惜しくも決潰あるいは撤去されましたが、広く県民に親しまれた西田橋等甲突川五石橋も、天保山の造成も全て調所の発案です。

改革は藩内に留まらず、広く海外交易にも力を注ぎ、琉球を通じた中国貿易の拡大や、北海道に至る国内各地との物流の交易をはかって、藩財政の改革の実を挙げたのは、この調所広郷です。

だが歴史は時の為政者によって作られ、調所広郷は幕府に呼ばれ密貿易の罪を負い自害に追い込まれ、今も汚名のままです。

しかし、斉彬公の行なった集成館事業をはじめとする殖産興業・富国強兵策・軍備の改革の資金も、明治維新の桧舞台での西郷・大久保の活躍もすべて調所の命を賭け、心血を注いだ財政改革の成功があったからです。

現地では一部の人々には評価もいただいているのである。

あとがき　――自由時間研究会の10年――

本会が生まれて、今年は10年になる。本会の特徴は、会則なく、会費も取らない。自分の研究していることを、毎月第2土曜日の午前に、会員の前で発表する。後に適当な分量にたまった原稿を活字にして、取次を通して全国の書店に出荷するというのが、ポイントである。運営に当たって留意したことは、会員の発表と、全国の書店に本が並ぶということである。

自主研究会のほとんどが、タイプ印刷の機関誌を出している。しかし、そのほとんどが、会員の手元に配布されるが、浸透がそれで終了してしまうので、きわめて弱いということである。それではつまらないので、本会は市販ベースで販売されることを重視した。

こういう方法だと、会員の喜びも増して、執筆意欲は高まり、よい結果を生むことが確実である。こうした方法で、過去2冊の本を、日本地域社会研究所の落合英秋社長の御厚意で刊行した。本書は第3冊めで、第2冊以後の研究会の発表を中心に原稿化して、13本の論文（会員10名、会員外で寄稿を依頼し快く承諾された方3名）が集まったので、3冊めを編むことにした。それぞれの会員が、思い思いに原稿を寄せている。本書が一人でも多くの人たちの手元に置かれて、読んでもらえたらと願っている。

こうした研究会を維持することも大事であるが、それ以上に大切なのは、世の中への発信である。本会がこの2つのことが達成できたことは、まことにラッキーなことであったと思う。

本会の活動は、初めの5年は、私の勤務先の桜美林大学四ツ谷サテライト教室で開催し、それ以降は会員の有馬廣實氏の勤務先である拓殖大学本校（文京区）で開催した。開催校については、会員が遠方から来るので、駅から近いことを考慮して選択した。

本会が10年間継続できたことは、まことに会員諸氏の支えがあったればこそのことである。

本会のこれからについて思いを寄せると、次の後継者にバトンを渡して、頑張ってほしいという気持ちが強い。本会のような会は、間違いなく、世の中から必要とされると思うので。

2021年7月

桜美林大学名誉教授　人間科学博士　瀬沼克彰

自由時間研究会　活動記録　2015（平成27）年度〜

●2015（平成27）年度

50　4月11日（土）本庄美佳「最近のディジタルライフ事情」
51　5月9日（土）間苧谷榮「埼玉県狭山市の生涯学習推進政策への一提言〜さやま市民大学「生涯学習案内人養成学科」受講生の視点から」
52　6月13日（土）瀬沼克彰「中高年の地域デビューの方法」
53　7月11日（土）浦崎道教「『市民講座』のあり方についての一考察―相模原市『学びのライブ塾』の事例より―」
この会（第53回）まで、研究会を桜美林大学四谷キャンパスで実施。次回（第54回）より、会場を拓殖大学茗荷谷キャンパスとする。
54　9月12日（土）有馬廣實「地域文化の振興に貢献する地域金融・産業機関（情報提供）」
55　10月10日（土）中川和郎「地域活動と市民参加―私と地域活動の関わり―」
56　11月14日（土）高橋幸男「公募社会教育委員の2年間」

57　12月12日（土）　近藤太一「私塾・官塾の日本固有の教育制度―江戸寛永寺が創り出した先聖殿の成り立ちと儒教を日本の基礎にした私塾―」
58　2016年1月16日（土）　瀬沼克彰「地域における市民活動の課題と解決策」
59　3月12日（土）　池田博男「私の地域活動」

●2016（平成28）年度

60　4月9日（土）　間苧谷榮「生涯学習と市民活動の連携に関する一提案～「学び」・「暮らし」・「まちづくり」が一体化した『地域学習都市さやま』の創造に向けて」
61　5月21日（土）　有馬廣實「多摩インストラクター会『博物館調べたい（隊）』の活動経過」
62　6月4日（土）　浦崎道教「自治会たすけあいの会立ち上げ顛末記」
63　7月9日（土）　近藤太一「新幹線乗車で学ぶお雇い外国人ジョサイア・コンドルとデ・レイケ」
64　9月10日（土）　本庄美佳「バドミントンクラブの次の課題」
65　10月8日（土）　高橋幸男「南足柄市のジオサイトの箱根ジオパークへの編入を目指して」
66　11月12日（土）　藤村勝典「面白セカンドライフの実践―定年後の生活の三大要素『地域

活動』『自己研鑽』『健康』―」
67　12月10日（土）　中川和郎「区民と行政が一体になった地域活動支援の取り組み―杉並区の事例から―」
68　2017年1月28日（土）　本庄美佳「生涯スポーツの実践―地域バドミントンクラブの発展と課題―」
69　3月11日（土）　瀬沼克彰「シニアの生きがい」

●2017（平成29）年度

70　4月8日（土）　近藤太一「伊勢商人と御師による日本観光事業の生誕―伊勢神宮参拝のシステムを構築した人々―」
71　5月13日（土）　有馬廣實「多摩インストラクター会『博物館調べたい（隊）』の活動経過」
72　6月24日（土）　近藤太一「修験道」
73　7月15日（土）　本庄美佳「熟練と未熟」
74　9月16日（土）　浦崎道教「シニアがキャリアデザインを学び、実践する」
75　10月14日（土）　佐藤毅「中野区主催『ことぶき大学・大学院』による学習及びその後の

諸出会いによる啓発と活動」
76　11月11日（土）　高橋幸男「足柄史談会の会員増強の方策の検討」
77　12月9日（土）　近藤太一「観光文化資本論」
78　2018年1月27日（土）　本庄美佳「『人生百年時代』の『ポスト平成』ライフスタイル展望」
79　3月10日（土）　瀬沼克彰「セカンドライフの生きがいづくり～余暇ライフと生涯学習～」

●**2018（平成30）年度**

80　2018年4月14日（土）　近藤太一「伊勢商人と伊勢商人の中の御師による日本観光事業の生誕」
81　5月12日（土）　久米喜代美「生涯大学での実践報告　笑いヨガ編」
82　6月16日（土）　本庄美佳「バドミントン　トリプルスという新たな展開」
83　7月14日（土）　有馬廣實「多摩インストラクター会「博物館調べたい（隊）」の活動経過（続）」
84　9月8日（土）　瀬沼克彰「シニアの社会参加の促進」

85　10月13日（土）　近藤太一「商業革命を導いた老中田沼意次」
86　11月10日（土）　中川和郎「人生100年時代の生き方」
87　12月8日（土）　久米喜代美「生涯大学での実践報告第二弾　健康講座編」
88　2019年1月12日（土）　近藤太一　「根底に流れる厩戸の皇子の哲学、江戸時代の筆頭出世を為した柳沢吉保と田沼意次」
89　3月9日（土）　高橋幸男「東京本郷学園による南足柄歴史調査」

●2019（令和元）年度

90　4月13日（土）　有馬廣實「多摩地域「博物館調べ隊」の学習活動の経過報告」
91　5月11日（土）　藤村勝典「（1）地域活動団体の紹介―『鴨居駅周辺のまちづくり研究会』の活動内容および（2）行政との協働―『横浜市緑区市民活動支援センター』の活動内容」
92　6月15日（土）　近藤太一「八幡神社思想の成立と、その歴史的経過と意義」
93　7月20日（土）　中川和郎「清掃技能労務職員の役割～八王子市の事例より～」
94　9月14日（土）　近藤太一「八幡神社思想の成立と、その歴史的経過と意義」その2

95　11月9日（土）　高橋幸男「小田原大森氏の興亡」
96　12月7日（土）　間苧谷榮「ドイツ福音主義協会常議員会編著・芳賀力訳『義認と自由～宗教改革500年』（教文館　2017年）について」
97　2020年1月11日（土）　本庄美佳「自由時間研究会を通じて瀬沼先生から学んだこと」

●2020（令和2）年度

〈4～8月は新型コロナウイルスによる感染防止のため休会〉

98　2020年9月26日（土）　今回のみ中央区銀座の中央区民館で開催。自由時間研究会最終回
近藤太一「（1）奈良盆地出身の忍性菩薩は、鎌倉文化の律と社会福祉事業をやり通し、日本のマザー・テレサと言われている　および（2）世界でも政治・経済で安定した江戸幕府」

執筆者紹介

瀬沼克彰（せぬま・よしあき）

東京都八王子市生まれ。(財)日本余暇文化振興会主任研究員、文部省生涯学習局社会教育官、桜美林大学生涯学習センター長・教授、(財)日本生涯学習総合研究所理事、内閣府エイジレスライフ賞審査委員長等を歴任。現在、桜美林大学名誉教授。著書は、余暇、生涯学習、中高年の社会参加等、多数発行。

高橋幸男（たかはし・ゆきお）

1951年生まれ。神奈川県南足柄市「天狗と金太郎伝説のまち」在住。2012年3月に、定年前9年間を生涯学習関係課に勤務した小田原市役所を定年退職。現在、「60の手習い」で囲碁や俳句をはじめるとともに、南足柄市観光ボランティアガイド、南足柄市社会教育委員として活動中。また、近隣に山緑と温泉地があることから「ウォーク&温泉」を楽しんでいる。

中川和郎（なかがわ・かずお）

平成2年7月武蔵野市役所入庁。財務部資産税課勤務。東京都八王子市在住。法政大学大学院社会科学研究科政治学専攻修士課程修了（政治学修士）。専門は行政学、地方自治論、廃棄物処理政策。これまで八王子市市民参加推進審議会委員などを歴任。現在は、廃棄物処理政策の研究、フィールドワークを中心とした市民活動・市民参加のあり方と住民自治の研究をライフワークにしている。主な活動として、八王子生涯学習コーディネーター会会員、NPO法人八王子市民活動協議会会員、廃棄物資源循環学会会員、八王子市内の市立小学校での環境教育支援がある。

間苧谷　榮（まおたに・さかえ）

1939年大阪生まれ。一橋大学経済学部卒。一橋大学大学院経済学研究科修士課程、博士課程修了。経済学博士。東京外国語大学付置アジア・アフリカ言語文化研究所所員。国立インドネシア大学文学部日本研究講座客員講師。亜細亜大学国際関係学部教授。国立オーストラリア大学太平洋アジア研究所客員研究員。日本学術会議委員。専門はインドネシアを対象とする学際的な地域研究。著書に『現代インドネシア研究〜ナショナリズムと文化』、『現代インドネシアの開発と政治、社会変動』などがある。

藤村勝典（ふじむら・かつのり）

1951年（昭和26）大連生まれ。昭和30年引揚後は福岡県。その後、三重県へ移動。そして大阪で就職、横浜に転勤し定年を迎える。定年退職後は八王子市や横浜市緑区で主に市民講座の企画・運営に携わっている。現在、NPO法人八王子生涯学習コーディネーター会監事、横浜緑区市民活動支援センター運営委員、鴨居駅周辺まちづくり研究会顧問を務める。

本庄美佳（ほんじょう・みか）

拓殖大学商学部非常勤講師（教職課程の生涯学習概論を担当）。1962年東京生まれ。専門は社会心理学。コンサルタント（生涯学習、キャリア、労務、ファイナンシャル・プランニングの領域）としても活動中。本論に関連した論考に、「『人生100年時代』の『ポスト平成』ライフスタイル展望」、「生涯学習・スポーツの意義と楽しみ方をいかに次世代に継承するか」、「生涯スポーツの実践」などがある。

佐藤　毅（さとう・つよし）

１９４１年８月生まれ。日本放送協会および関連会社勤務後、学びの場として在住の中野区で区教育委員会主催の「ことぶき大学・大学院」コースに４年間在籍する。第一学年のとき、『高齢余暇が地域を作る』の著者、瀬沼克彰氏との出逢いをきっかけに地域活動に目覚め、以来研鑽を積む。２０１０年12月、閉講式を迎え、ＯＢ活動として求められている地域活動として「かみたかだ徒然会」の再立ち上げをして、そこでの活動を継続中。

米田道夫（よねだ・みちお）

１９４９年鳥取県生まれ。埼玉県春日部市在住。県立鳥取西高等学校、国際商科大学（現東京国際大学）卒業後、１９７４年「西川産業株式会社」入社。主に情報システムを担当し40年間勤務。退職後の２０１４年７月より「毎日サンデー」の生活が始まり多くの地域活動に参加。２０１５年６月「ハートウェア倶楽部」代表就任。２０１６年４月～２０１８年３月「春日部市ふれあい大学・大学院」終了。趣味はクラッシック音楽鑑賞。男ばかりの６人兄弟（私は末っ子）が疎遠とならないように年１回全員集合の「兄弟会」を続けている。

石渡ひかる（いしわたり・ひかる）

生まれも、育ちも、嫁ぎ先も八王子。子育て30余年。家庭教育に携わって20年。保育士。調理師。認定心理士。幼稚園から大学まで、ＰＴＡや父母の会の役員を受けている。その後、青少年対策地区委員、地元小・中学校の学校運営協議会委員、学校コーディネーター、主任児童委員（民生委員・児童委員）、八王子市学習支援委員などに携わる。

久米喜代美（くめ・きよみ）

神奈川県生まれ、人生の折り返し地点でワークショップに出逢い、心理学に興味をもつ。その後、独立行政法人にてカウンセラー、大学学生相談室、児童相談所での業務から、身体から心に働きかけることの重要性を認識する。桜美林大学健康福祉学群専任教員として、勤務のかたわら「健康づくりは仲間づくり」をコンセプトに、仲間づくりワークショップを展開している。主な共著書に『はじめて学ぶ心理学』（大学図書出版）がある。

浦崎道教（うらさき・みちのり）

１９４９年生まれ。東京都町田市在住。北海道大学大学院修士課程修了。民間企業を定年退

職後、「NPO法人市民活動コーディネーターの会」（代表理事）を設立。町田市の「生涯学習審議会」・「高齢社会総合計画審議会」の市民委員、自治会の副会長、「たすけあいの会」の初代会長を務めた。また、私立大学の非常勤講師として「キャリアデザイン」の講義も担当した。現在、町田市社会福祉協議会の「子どもの心の悩み」相談員として活動。また、近隣の小学校でボランティアコーディネーターの経験を生かし、放課後子ども教室をサポートしている。著書に『世のため人のため自分のための地域活動』（日本地域社会研究所、共著）がある。

高橋幸恵（たかはし・さちえ）
学歴：一橋大学社会学研究科社会問題・政策専攻博士後期課程単位取得退学
資格：薬草コーディネーター、幼稚園一種、小学校一種、中学校一種（社会）、高等学校一種（公民）教員免許状
現職：教育文化経営学院・学院長
教育文化経営学院では、以下のような学習支援を行なっています。
・通信制大学の学習支援
・教員免許状・保育士資格の取得支援

・教員採用試験対策
・小学校教員資格認定試験対策
多くの皆さんが最短年限で通信制大学を卒業し、資格を取得されています。お気軽にお問い合わせください。連絡先：kyoiku.bunka.keiei@gmail.com

有馬廣實（ありま・ひろみ）
1946年神奈川県横浜市生まれ。当初、埼玉県立高等学校に勤務。定時制に移り、大学院で社会教育、生涯学習を学ぶ。市民の余暇活用、教師の生涯学習、高齢者の生涯学習に関する実態調査を行なってきた。また病院・医院の公開講座や薬局等による人々の健康学習への貢献活動、博物館（とくに「食と健康の博物館」）等による人々の生涯学習への貢献に関心があり、調査を行なってきた。現在、拓殖大学名誉教授。八王子市とあきる野市にて生涯学習コーディネーター養成講座の講師を務め、多摩地域生涯学習インストラクターの会の仲間と博物館巡りを楽しんでいる。各地の災害伝承館にも関心があり、訪問している。

近藤太一（こんどう・たいち）

1968年、関西学院大学経済学部卒業。同年、近畿日本ツーリスト（株）入社。以後、高松宮喜久子妃殿下奈良旅行ご接伴、米国メルビン・レアード国防長官関西視察旅行をご誘導。クラブツーリズム（株）退社を経て、現在、市民大学院（文化政策・まちづくり大学校）教授（市民大学院代表：池上惇京都大学名誉教授、植木浩元文化庁長官）、NHK文化センター講師、近鉄阿倍野百貨店文化サロン講座担当等。著作：『知的発見の旅へ』（文芸社）等。

地域生涯《ちいきしょうがい》学習活動《がくしゅうかつどう》とコミュニティ形成《けいせい》

2021 年 10 月 5 日　第 1 刷発行

編　者　みんなで本《ほん》を出《だ》そう会《かい》
筆者代表　瀬沼克彰《せぬまよしあき》
発行者　落合英秋
発行所　株式会社 日本地域社会研究所
〒 167-0043　東京都杉並区上荻 1-25-1
TEL　（03）5397-1231（代表）
FAX　（03）5397-1237
メールアドレス　tps@n-chiken.com
ホームページ　http://www.n-chiken.com
郵便振替口座　00150-1-41143
印刷所　中央精版印刷株式会社

ISBN978-4-89022-281-0